고통받은 동물들의
평생 안식처

동물
보호구역

Saving Lives and Changing Hearts
By Rob Laidlaw

고통받은 동물들의 평생 안식처

동물 보호구역

로브 레이들로 지음 곽성혜 옮김

Saving Lives and Changing Hearts :
Animal Sanctuaries and
Rescue Centers

추천사

로브 레이들로의 세계 동물보호구역 탐방으로 채워진 이 책은 잔혹한 사육 환경에서 고통받는 모든 동물이 사실은 진정한 보호구역에서 평생 지낼 수 있는 인도적인 보금자리를 얻을 자격이 있음을 우리에게 환기시켜 준다. 동물보호구역에서는 동물의 욕구를 최우선으로 삼는 준비된 운영자들이 최선의 돌봄을 제공한다. 여기에 소개된 시설들은 우리 모두가 본받아야 할 사례이므로 모든 사람이 읽어 보기를 권한다.

애덤 M. 로버츠(세계동물보호구역연합Global Federation of Animal Sanctuary 대표)

많은 사람들이 위기에 처한 동물을 돕고 싶어 한다. 실제로 동물은 야생동물이든 가축이든 상관없이 수백만 마리가 늘 위기에 처해 있다. 그러므로 우리가 함께 일한다면 그리고 사려 깊게 일한다면 진정한 변화를 이끌어 낼 수 있다. 이 책은 우리에게 변화의 방법을 알려 준다. 다양한 단체와 개인이 운영하는 전 세계 동물보호구역과 동물구조센터의 우수한 사례를 소개하고, 운영에 관한 조언과 지침을 제공하고, 무엇보다 지극히 선한 의도로 출발하는 사람들조차 직면할 수밖에 없는 여러 문제에 대해 짚어 준다. 이 책은 우리의 도움이, 언제, 어떤 식으로 이뤄지든 우리가 내미는 도움의 손길이 지속적이고 긍정적인 변화를 이끌어 낸다는 점을 분명히 한다. 나는 이 책을 마음 따뜻한 모든 사람에게 추천하고, 청소년들의 필독서가 되기를 바란다. 한 사람 한 사람이 더 친절하고 더 자비로운 사회를 만드는 일에 각자의 몫을 다할 수 있다.

윌 트래버스(본프리재단The Born Free Foundation CEO)

어떤 사람은 거대하고 힘이 센 호랑이를 그저 가까이 두고 보고 싶어서 소유한다. 또 어떤 사람은 스스로 타거나 경마를 통해 돈을 벌기 위해 말을 소유한다. 하지만 동물이 가져다주는 즐거움보다 돌보는 어려움이 더 크면 동물은 아무렇지 않게 버려진다. 이 책은 이렇듯 버려지고 오갈 데 없는 동물들을 고통스러운 삶으로부터 구조하는 데 인생을 바친 사람들의 이야기다. 동물보호구역과 동물구조센터의 사연을 들려주면서 저자는 버려진 동물에 대한 큰 연민을 독자의 마음속에 불러일으킨다. 야생동물이 있어야 할 곳이 거실 새장 속, 뒷마당, 실험실, 서커스장이 아니라 야생임을 분명히 깨닫게 해줄 것이다.

이언 로빈슨(영국 왕립수의대학교 동물원수의사협회 회원, 국제동물복지기금IFAW, International Fund for Animal Welfare 동물구조 프로그램 매니저)

쉽고, 강렬하고, 완벽하다. 이 책은 동물보호구역이 개별 동물을 위해, 동물복지와 동물보호를 위해 어떤 중요한 역할을 수행하는지 가슴 뭉클한 시선으로 조명한다.

바브 카트라이트(캐나다 동물보호협회연맹Canadian Federation of Humane Societies 대표, 범아프리카 보호구역연맹Pan African Sanctuaries Alliance 자문위원회 위원)

대단히 생생하고 의미 있는 책으로, 어린이들에게는 즐거움과 배움을 선사하고 어른들에게는 따뜻한 온기를 전해 줄 것이다. 이 책에는 실제로 살아 있는 사람과 동물의 삶이 가득하고, 평범한 사람들이 위기에 처한 동물에게 도움을 주고자 할 때 무엇을 할 수 있는지에 관한 좋은 정보와 이야기가 풍부하게 실려 있다. 독자는 저자인 로브 레이들로를 따라 전 세계 동물보호구역으로 모험을 다니면서 구조된 동물들을 반갑게 만날 수 있다. 이 책을 읽은 아이들은 나중에 어른이 되어 이렇게 회고할지도 모르겠다. "이 책은 내 눈을 뜨게 해 주고 내 관점을 변화시켜 주었어."

엘스 폴센(《웃는 곰들Smiling Bears》 저자)

정말 끝내주는 책이다. 이 책은 내가 아는 한 동물보호구역에 대한 최고의 소개서다. 동물보호구역이 무엇인지, 왜 중요한지, 동물을 어떻게 돕는지, 동물보호구역이 동물원이나 서커스단 등 동물을 수단으로 이용하는 곳보다 어떤 점에서 우월한지 자세히 설명되어 있다.

제프리 메이슨(《코끼리가 울고 있을 때When Elephants Weep》, 《개가 우리를 사람으로 만든다Dogs Make us Human》, 《접시에 뜬 얼굴The Face on Your Plate》, 《음식에 관한 진실The Truth About Food》 저자)

원래 나고 자란 서식지에서 살 수 없는 동물과 인간에게 안위를 의존할 수밖에 없는 동물은 생존을 위협받지 않고 안전하게 번성할 수 있는 공간에서 존엄과 존중을 보장받으며 살 자격이 있다. 전 세계에는 훌륭한 동물보호구역과 동물구조센터가 많은데, 그런 곳에는 동물복지를 실현하는 데 헌신하는 많은 사람들이 일하고 있다. 로브 레이들로의 이 책은 동물이 무엇을 원하고 무엇을 필요로 하며 또한 어떤 대접을 받아야 마땅한지에 대한 훌륭한 소개서다. 이 책에는 동물보호구역과 동물구조센터에서 보살핌을 받게 된 운 좋은 전 세계 동물, 이를테면 주노, 케이티, 리틀 피그, 찰리, 매기, 필리페와 같은 동물의 사연과 모습이 담겨 있다. 내가 이 책을 읽으면서 배운 많은 것을 다른 사람들과도 나누고 싶다.

마크 베코프(콜로라도 대학교 생태학 및 진화생물학 석좌교수,《동물권리선언 The Animal Manifesto》,《동물의 감정The Emotional Lives of Animals》,《동물도 중요하다Animals Matter》저자)

동물이 '감각이 있는 존재'임을 빨리 이해할수록 아이는 친절과 존중으로 지구상의 동물들을 더 잘 대우하게 될 것이다. 이 책은 흥미롭고 설득력 있는 어조로 독자들에게 이런 보살핌의 가치가 규범으로 작동하는 전 세계 단체를 소개한다. 어른, 아이 할 것 없이 책 속 동물보호구역과 동물구조센터가 보여 주는 긍정적인 사례로부터 용기와 영감을 얻기 바란다.

샌드라 페이디(캐나다 당나귀 보호구역The Donkey Sanctuary of Canada 설립자)

이 책은 상상할 수 없는 잔혹함이 가득한 세계에 자비와 희망에 관한 중요한 메시지를 전달한다. 이 책이 모든 학교와 공공도서관에 비치되기를 바란다.

피트 풀과 쇼반 풀(체다 로 농장동물 보호구역The Cedar Row Farm Sanctuary 설립자)

저자 서문

동물을 정중하고 친절하게 대하는 곳,
동물보호구역과 동물구조센터

인도의 방갈로르 시에서 배너가타 국립공원Bannerghatta National Park 끝까지 차를 몰고 가는 길은 멀고도 험했다. 스리랑카인 수의사 디파니 자얀타와 어린 토종 명금songbird 세 마리를 배너가타 보호소Bannerghatta Rehabilitation Centre로 데려가는 중이었다.

다행히 제 시간에 맞춰 도착했다. 몇 주 전에 부상을 입고 배너가타 보호소로 옮겨졌던 솔개 세 마리가 이날 아침에 방사될 예정이어서 그 시간에 늦지 않으려고 서둘렀던 것이다. 솔개는 인도 전역에 서식하는 멋진 맹금류다. 부상을 입었던 솔개들은 치료 후 건강을 되찾아 야생으로 돌아갈 준비가 되어 있었다.

어린 명금 세 마리를 야생동물 관리사에게 전해 준 뒤 우리는 솔개 인클로저enclosure(울타리로 둘러막아 동물을 수용하는 야외 시설-옮긴이)로 걸어갔다. 철망 울타리 안을 들여다보니 솔개 세 마리가 새장 뒤편 횃대에 얌전히 앉아 있었다.

조련사들은 마지막으로 새들을 한 마리씩 꼼꼼하고 세심하게 살폈다. 그런 뒤에 한 번에 한 마리씩 조심조심 들어올려서 날려 보냈다. 새는 상황을 잘 이해했다. 몇 번인가 힘찬 날갯짓을 하더니 하늘로 날아올랐고, 머리 위에서 원을 그리며 돌다가 멀리 사라졌다.

솔개를 방사하기에 이보다 더 적합한 장소는 찾기 어려울 것이다. 배너가타 국립공원은 방갈로르에서 22킬로미터밖에 떨어져 있지 않으면서도 3000만 평에 달하는 풍요로운 생물 보호지이기 때문이다.

배너가타 보호소. © Rob Laidlaw

배너가타 보호소는 야생동물 구조 및 재활센터Wildlife Rescue and Rehabilitation Center와 카르나타카주 삼림청이 공동 운영하고 있다. 이곳에는 별의별 동물들이 다 산다. 파충류, 조류, 온갖 포유류, 심지어 코끼리까지. 이 동물들은 대부분 다치거나 병 들어서, 버려지거나 부모를 잃어서, 애완동물이었다가 파양되어서, 야생동물 밀매업체로부터 압수되어서 이곳으로 왔다. 이중 상당수는 야

© Rob Laidlaw

느림보곰들은 배너가타 곰 구조센터에서 자유를 만끽하고 있다.

생에서 살아갈 두 번째 기회를 얻게 될 것이다.

솔개 방사 현장을 본 것도, 그리고 언젠가 그 솔개들처럼 자유로이 비
상할 두 번째 기회를 얻게 될 어린 맹금들을 그곳에 데려다 준 것도 흔
하게 누릴 수 있는 경험은 아니다. 하지만 우리의 주된 목적은 따로 있
었다. 바로 인도 야생동물 보호단체인 와일드라이프 SOSWildlife SOS가 운
영하는 네 곳의 곰 보호구역 중 하나인 배너가타 곰 구조센터Bannerghatta
Bear Rescue를 방문하는 일이었다.

배너가타 곰 구조센터에 사는 곰은 모두 느림보곰sloth bear이다. 느림보
곰은 야행성이고 곤충을 먹고 살며 길고 텁수룩한 털과 갈기가 나 있다.

느림보곰은 인도에서 멸종위기에 처한 종으로, 현재는 법으로 보호받

고 있지만 과거에는 오랫동안 길거리에서 '춤추는 곰'*으로 이용당했다. 코를 관통한 줄로 고통스럽게 조종당하며 관광객 앞에서 춤을 추며 재주를 부려야 했다. 춤을 추지 않을 때에는 나무나 바위에 묶여 있었다.

와일드라이프 SOS는 놀라운 일을 해냈다. 인도 거리를 떠돌던 춤추는 곰 600마리를 모두 구조하는 쾌거를 올린 것이다. 배너가타 보호구역은 그중 90마리를 수용했다.

나는 직원들이 곰에게 먹이를 주러 갈 때 따라갔다. 우리 일행은 자동차에 멜론 한 무더기를 싣고 12만 평이 넘는 드넓은 곰 보호구역을 돌아다녔다. 아름드리나무와 관목이 우거지고 야트막한 둔덕과 도랑이 어우러진 곳이었다. 나는 안전을 위해 차 안에 남아 있었다.

느림보곰들은 직원들이 달콤하고 즙 많은 멜론을 가져온 것을 알고는 금세 그들을 에워쌌다. 직원들은 곰들이 바위더미나 나뭇가지에 걸터앉아서 멜론을 찾아먹는 재미를 느낄 수 있도록 여기저기에 멜론을 던져놓기도 했다.

느림보곰을 보면서 나는 동물보호구역이 왜 그토록 중요한지 분명히

---

* 인도에서는 지난 수 세기 동안 길거리에서 음악에 맞춰 몸을 흔드는 일명 '춤추는 곰'을 자주 볼 수 있었다. 춤추는 곰 산업은 원래 궁에서 황제들을 위하여 생겨난 오락이 일반인에게 퍼진 것이다. 1972년에 법적으로 금지되었으나 사라지지 않았고, 최근 동물보호단체의 활약으로 사라지는 추세에 있다. 야생에서 어미를 죽이고 포획한 새끼 곰은 60~70퍼센트가 이동 과정에서 기아와 병으로 죽는다. 사람들은 위험 요소를 사전에 제거하기 위해서 곰의 발톱과 이빨을 뽑는다. 그런 다음 입, 코, 머리를 관통하여 줄을 넣는다. 입, 코, 머리를 관통한 줄을 당기면 곰은 고통 때문에 몸부림치게 된다. 또한 뜨거운 판이나 재 위에 곰을 올려놓으면 곰은 고통을 피하려고 발을 드는데, 이런 훈련을 통하여 곰이 두 발로 서게 되고 꼭 춤을 추는 것처럼 보이게 된다. 춤추는 곰으로 돈을 버는 사람들은 대부분 가난하여 곰에게 먹을 것조차 제대로 주지 못하기 때문에 곰은 영양부족에 시달리고, 학대로 신체적·정신적 고통을 겪는다. 춤추는 곰은 춤을 추는 것이 아니라 고통에 몸부림치는 것이다.
(편집자 주, 출처 : 국제동물구조대International Animal Rescue)

구조되어 동물보호구역으로 온 느림보곰들은 거리에서 춤을 추는 대신에 멜론을 먹으려고 모여든다.

© Rob Laidlaw

모든 동물은 사람들의 존중과 연민을 받을 권리가 있다.

깨달았다. 만약 이런 장소가 없었다면 이 곰들은 아직도 거리에서 춤을 추고 있었을 것이다.

또한 동물보호구역은 사람들의 야생동물에 대한 잘못된 인식과 생각을 바꿀 수 있는 소중한 공간이다. 야생동물과 이제까지와는 다른, 그러면서도 더욱더 친밀한 관계를 맺을 수 있기 때문이다. 동물보호구역에서 야생동물을 만나는 것은 동물원 우리에 갇혀 있거나 동물 쇼에서 묘기 부리는 동물을 보는 것과는 전혀 다른 경험이다.

나무 높이 올라간 느림보곰처럼 모든 동물은 자연스럽게 행동할 기회를 얻을 권리가 있다.

　운이 좋게도 나는 세계 각지에서 운영되는 동물보호구역과 동물구조센터를 돌아볼 기회를 누려 왔다. 놀라운 동물들을 만났고, 그 동물들을 구조한 사람들을 만났다. 독자들은 이 책을 통해 내가 만난 수많은 인연 중 일부를 만나게 될 것이고, 그들의 이야기를 읽게 될 것이다. 그리고 동물보호구역과 동물구조센터가 왜 필요한지, 동물들이 그런 곳에 왜 가게 되는지도 알게 될 것이다.

　모든 동물은 친절하고 정중한 대우를 받아야 한다. 동물보호구역과 동물구조센터는 우리가 그렇게 할 수 있음을 정확히 보여 준다. 부디, 이 책이 동물보호구역과 동물구조센터의 모습을 독자에게 생생하게 전달할 수 있기를 바란다.

차례

동물보호구역과 동물구조센터를 위해 일하는

전 세계 활동가와 자원봉사자, 후원자들에게 이 책을 바친다.

1장

방치되고 학대받고
버려진 동물의 안식처

동물보호구역

© Rob Laidlaw

© International Bird Rescue

마음껏 달리고 뛰놀 수 있을 때
동물들은 체력이 강해지고 삶이 흥미로워진다.

• 동물보호구역과
동물구조센터는 다르다

　동물보호구역animal sanctuary은 오갈 데 없거나 방치된 동물, 부상당하거나 학대받거나 버려진 동물의 보금자리이자 안식처다. 동물보호구역은 세 가지 유형으로 나뉜다.

　① 농장동물 보호구역은 소, 돼지, 양, 염소, 닭, 칠면조 등에게 안식처를 제공한다.

　② 말 보호구역은 말, 당나귀, 노새 등에게 안전한 보금자리를 제공한다.

　③ 야생동물 보호구역은 고슴도치부터 코끼리에 이르기까지 온갖 야생동물에게 집을 제공한다.

　동물구조센터animal rescue center는 동물보호구역과는 다르다. 동물구조센터는 대부분 아프거나 다치거나 고아가 된 동물들을 한시적으로 돌보다가 야생으로 돌려보낸다. 그래서 일부 동물구조센터는 이를테면 석유 유출 사고와 같이 특정한 위협에 대응하기 위해 세워진 까닭에 한시적으로만 운영되기도 한다. 이럴 경우 위협이 사라지면 구조센터도 사라진다.

동물보호구역은 형태와 크기가 제각각이다. 수백 마리의 동물을 수용하고 전문 지식이 있는 사람들을 직원으로 고용해 운영하는 곳이 있는가 하면, 몇 마리 안 되는 동물만 돌보고 후원금을 모금하느라 애를 먹으면서도 순전히 자원 활동가들로만 운영하는 곳도 있다. 어떤 형태든 좋은 사례도 있고 나쁜 사례도 있다. 하지만 아무리 다양하다 해도 진짜 동물보호구역이라면 다음과 같은 몇 가지 공통점을 지닌다.

모든 동물에게는 신체적·정신적 건강을 유지하기 위하여 넓은 공간과 복잡한 환경이 필요하다.

• 동물보호구역의
기본 원칙

진짜 동물보호구역은 다음과 같은 몇 가지 기본 원칙을 지켜야 한다.

동물의 신체적·심리적·사회적 욕구를 최우선으로 고려한다. 동물원과 상업 시설은 방문객의 욕구를 가장 중시하는 경우가 흔하다. 겉이 번지르르하여 방문객의 눈에는 좋아 보이지만 동물에게는 별로 좋지 않은 시설이 많은 이유가 여기에 있다.

동물을 상업적 목적으로 이용하지 않는다. 따라서 동물과 그 새끼를 사고 팔거나 거래하지 않는다. 다만, 학대받거나 죽음에 내몰린 특정 동물을 구조할 때 동물을 학대자로부터 사들이는 것이 최선의 방법이라고 판단될 때에는 예외로 한다. 그 과정에서 위기에 처한 동물이 단순히 또 다른 동물로 대체되는 것을 막을 조치를 취할 수 있어야 한다. 예를 들어 춤추는 곰을 돈을 주고 구매했는데 그 사람이 그 돈으로 또 다른 곰을 사서 공연을 계속한다면 의미가 없기 때문이다.

동물을 번식시키지 않는다. 세상에는 안식처와 보살핌이 필요한 동물이 너무 많기 때문에 번식을 시키는 것은 이치에 맞지 않다. 문제를 더욱 키울 뿐이다.

애초에 동물보호구역이 생겨나게 된 근본 원인을 해결하는 일에 활발히 참여한다. 동물보호구역은 언제나 동물의 편에 서서 더 나은 동물보호법을 제정하고 현행법을 강화하는 일을 지원한다.

사람을 교육한다. 구조된 동물들의 이야기를 널리 알리는 것은 사람들의 의식을 높여 주고 관점과 태도까지 변화시킬 수 있다.

동물원처럼 일반인이 아무 제약 없이 드나들며 동물을 구경하는 것을 허용하지 않는다. 실제로 대다수 야생동물 보호구역은 엄격하게 통제된 여건이 아니라면 일반인이 동물을 구경하러 들어오는 것을 전혀 허락하지 않는다. 동물보호구역 동물들은 힘든 삶을 살아온 경우가 많아서 인간을 두려워할 수 있기 때문이다. 이곳의 동물은 인간이 너무 가까이 있으면 쳐다보기만 해도 스트레스를 받을 수 있다.

스스로의 한계를 안다. 수용하고 있는 동물의 건강과 안녕을 해칠 위험이 있다면 새로운 동물을 더 이상 받지 않는다.

● 동물보호구역의 조건

1. 넓은 공간

동물은 자기 행동 범위 안에서 걷고 달리고 기고 날고 헤엄친다. 일부 동물은 아주 먼 거리도 이동한다. 물고기를 잡아먹고 사는 물새는 매일 둥지에서 물가까지 20킬로미터씩 날아다니기도 한다. 늑대는 수백 제곱 킬로미터가 넘는 영역을 누비는가 하면, 퓨마는 1,000킬로미터 이상 달린다. 심지어 아주 작은 동물조차 매우 넓은 공간을 이용하므로 넓은 공간은 필수다.

2. 삶의 결정권

야생에서 사는 동물은 매일매일 자기 삶에 대해 스스로 결정을 내린다. '어느 과일을 먹을까'처럼 사소한 결정에서부터 '새로운 서식지를 찾

적절한 사회집단 안에 속하는 것은 대다수 동물에게 매우 중요하다. 동종의 다른 개체들과 함께 있을 때 더 편안하고 안전하게 느끼기 때문이다.

아 어디로 이동할까'처럼 운명을 바꿀 정도로 중대한 결정까지 모두 스스로 결정한다. 동물보호구역의 동물도 자기 삶에 대한 결정권을 인간이 아닌 각자가 가져야 한다.

3. 무리 생활

얼룩말은 무리지어 산다. 개코원숭이는 대군집을 이뤄 살고, 코끼리는 가족들과 모여 산다. 이렇듯 많은 동물이 야생에서 사회집단을 이뤄 산다. 무리를 지어 산다는 것은 다가오는 위험을 감지할 눈과 귀, 새끼를 돌보거나 보호할 일손이 많다는 뜻이다. 먹이나 물을 찾기도 수월할 테

고, 아프리카들개처럼 혼자서는 잡지 못하는 덩치 큰 먹잇감을 사냥할
수도 있다. 무엇보다도 집단생활은 동물의 삶을 더욱 풍요롭게 해 준다.
그러므로 무리를 지어 사는 습성을 지닌 동물들은 동물보호구역에서도
무리 생활을 할 수 있어야 한다.

4. 왕성한 활동

야생동물은 왕성하게 활동한다. 먹이를 찾고, 사냥을 하고, 탐험을 하
고, 걸어서 샘물을 찾아가고, 이 장소에서 저 장소로 이주하고, 굴이나 둥
지를 짓고, 새끼를 돌보고, 사회적 관계를 맺고, 놀이를 하고, 그밖에도
무수히 많은 일을 하며 시간을 보낸다. 코끼리 같은 일부 동물은 매일 최
대 20시간 활동을 한다. 그러므로 동물보호구역에서도 이처럼 다양하고
왕성한 활동을 할 수 있도록 환경을 조성해야 한다.

2장

매일매일이 말과 당나귀의 날,

말과 당나귀 보호구역

동물보호구역

캐나다 당나귀 보호구역에서는 사람이나 당나귀나 모두 웃는다.

● 도살장으로 팔려 갈 뻔한
당나귀 12마리

당나귀는 아메리카의 사막 지역에서도 살고, 아시아에서는 산더미 같
은 짐수레를 끌기도 하고, 멕시코에서는 아이들을 실어 나르는가 하면
아프리카 초원에서는 풀을 뜯기도 한다. 이렇듯 어디에서나 당나귀를 볼
수 있는데도 사람들은 대부분 그 사실을 잘 모르는 듯하다. 하지만 샌드
라 페이디는 다르다. 그녀는 당나귀에 대한 모든 것을 안다.

샌드라는 어릴 때부터 동물과 동물복지에 관심이 많았다. 동물들이 제
대로 된 돌봄을 받지 못하고 적절한 음식이나 물, 보금자리도 없이 들판
에서 노동에 시달리는 모습을 보고는, 그들을 결코 잊을 수 없었다.

어른이 된 뒤 남편 데이비드와 함께 캐나다 온타리오 주 궬프에 있는
12만 평의 농장을 사들였다. 두 사람은 농장 일부터 동물 다루는 법, 희귀
종 가축을 보존하는 일까지 꼼꼼하게 배워 나갔다. 그리고 마침내 희귀
종보존협회Rare Breeds Conservancy로부터 당나귀 세 마리를 입양했다.

샌드라는 당나귀들과 사랑에 빠졌다. 라일리, 브로닌, 아파치. 그녀가 붙여 준 이름이다. 셋은 똑똑하고 온순하고 평온했다.

그리 오래지 않아 샌드라는 도움이 필요한 또 다른 당나귀를 알게 되었다. 인근에 사는 한 농부가 염소를 지킬 목적으로 당나귀를 샀는데, 당나귀의 경비 실력이 신통치 않았던 모양이다. 결국 우리에 갇힌 채 외롭고 우울한 나날을 보내는 신세가 되었다. 그 슬픈 당나귀를 사들여 세바스찬이라고 이름 붙였다.

얼마 뒤 당나귀 12마리가 경매에 붙여질 거라는 소문이 들렸다. 경매에서 아무도 사주지 않으면 12마리가 한꺼번에 도살장으로 팔려 갈 운명이었다. 덕분에 샌드라의 농장은 당나귀 식구가 16마리로 늘었다.

농장에 당나귀가 그렇게 많은 것을 보고 몇몇 친구들이 영국에 있는 당나귀 보호구역에 대하여 귀띔해 주었다. 샌드라는 바로 세계 최대 규모의 당나귀 보호단체인 영국 당나귀 보호구역The Donkey Sanctuary in England에 연락했고, 그들은 그녀에게 캐나다에서 보호구역을 운영해 보라고 권유했다. 물론 샌드라는 이미 그 방향으로 나아가고 있었지만 말이다. 1992년, 샌드라 부부는 당나귀, 노새, 버새hinny(수말과 암나귀의 잡종)에게 보금자리를 제공하는 캐나다 당나귀 보호구역The Donkey Sanctuary of Canada을 설립했다.

가슴과 다리가 하얗고 커다란 갈색 눈이 아름다운 당나귀 주노도 이곳에서 산다. 주노는 이곳으로 오기 전에 심하게 학대를 당했다. 주인이 삽으로 때리고 먹이도 제대로 주지 않았는데 보다 못한 이웃이 굶주린 주노를 사들여 캐나다 당나귀 보호구역으로 보내 주었다. 요즘 주노는 더 나이 많은 당나귀 몇 마리와 어울려 지내며 많이 좋아졌다. 사람이 주위

주노와 케이티는 캐나다 당나귀 보호구역에서 캐나다의 겨울을 즐긴다.   © The Donkey Sanctuary of Canada

에 있으면 여전히 불안해하지만 좋아지는 중이다.

들판에서 발견된 트루퍼는 보호구역으로 온 후에도 오랫동안 일어서지 못했다. 전신감염으로 온몸이 상처투성이였는데, 제대로 된 보살핌을 받지 못한 탓이었다. 다행히 트루퍼는 완전히 회복되었고, 지금은 캐나다 당나귀 보호구역 홍보대사로 활동하고 있다. 트루퍼는 최근 2년 동안 캐나다 당나귀 보호구역 주요 행사가 열릴 때마다 사람들 앞에 모습을 드러낼 정도로 완벽하게 회복했다.

캐나다 당나귀 보호구역은 당나귀들에게 안전한 보금자리를 제공하는 데 그치지 않는다. 동물에 대한 연민과 존중을 가르치는 교육 프로그램도 운영하고 있는데, 이 프로그램은 어른, 아이 할 것 없이 누구라도 참

학대와 굶주림에 시달리다 구조된 주노는 캐나다 당나귀 보호구역에서 잘 지내고 있다.

여할 수 있다. 그동안 수천 명이 찾아와 보호구역의 당나귀 이야기에 귀 기울였다.

• 트라우마가 생긴 말에게
    입양은 최선이 아니었다

캘리포니아 록우드 근방에 위치한 레드윙스 말 보호구역Redwings Horse Sanctuary은 구조된 말과 당나귀 약 100마리에게 영원한 보금자리를 제공하고 있다. 레드윙스는 구조센터로 처음 문을 열어 도움이 필요한 말을 돌보거나 좋은 가정으로 입양을 보냈다. 하지만 얼마 지나지 않아 노쇠한 말, 심하게 학대당한 말, 트라우마를 입은 말에게는 입양이 최선의 방

레드윙스 말 보호구
역에는 드넓은 땅에
울타리가 쳐져 있어
100마리에 가까운
말들이 함께 뛰놀
수 있다.

법이 아님을 알게 되었고, 아예 보호구역으로 전환했다. 레드윙스에 보금
자리를 마련한 말과 당나귀들은 20만 평에 달하는 드넓은 방목장과 목초
지에서 뛰놀면서 다시는 방치되거나 학대받지 않고 여생을 보낼 수 있을
것이다.

레드윙스 말 보호구역도 교육 프로그램을 운영하고 있다. 말을 제대
로 돌보는 법을 사람들에게 가르치면 미래에는 학대당하는 말이 줄어
들 것이라고 생각하기 때문이다. 레드윙스에서 남쪽으로 조금 내려가면
캘리포니아 은퇴마재단California Equine Retirement Foundation이 있다. 은퇴한
경주마들에게 보금자리를 제공하고 새로운 집을 찾아주는 말 보호구역
이다. 이 재단에 은퇴마가 처음 들어온 때가 1987년이었는데, 이듬해에
300마리 넘게 들어올 정도로 갈 곳 없는 은퇴마들이 많았다.

인간이 사랑하고 먹고 즐기는 말에게 필요한 것

현존하는 말 품종 가운데 한 번도 길들여진 적이 없는 유일한 품종은 몽고야생말이라고도 불리는 프르제발스키Przewalski*이다. 이 품종은 적은 수가 아직도 몽골의 건조한 지역에 남아 번식하고 있다. 이외에 세계에서 발견되는 야생마는 모두 한때 길들여졌다가 방사되었거나 탈출한 뒤 야생생활을 하게 된 말들의 후손이다. 북아메리카에서 가장 유명한 야생마는 남서부에 서식하는 야생 무스탕과 캐나다 노바스코샤 해안에서 180킬로미터 떨어진 모래톱에 서식하는 세이블아일랜드이다.

사육되는 말이 대략 5000만 마리에 이르는 데 비해 야생마의 수는 턱없이 적다. 사육되는 말은 대개 반려동물로 살거나 스포츠, 오락, 군대용으로 이용된다. 또 전 세계 여러 지역에서 인간을 위해 식용으로 도축된다.

야생에서 살든 사육되든 모든 말은 활동적이고 지능이 뛰어난 사회적 동물이다. 그래서 돌아다닐 공간과 풀을 뜯을 초지, 신선한 물, 미네랄과 소금, 극단적인 날씨로부터 피신할 수 있는 안식처, 휴식을 취할 수 있는 마른 땅, 같이 어울릴 수 있는 동료 말이 꼭 필요하다.

● 프르제발스키Przewalski's는 몽골과 중국에 사는 멸종위기의 야생마다.

3장

도살장에 끌려가던
탯줄 달린 송아지가 사는 곳,
농장동물 보호구역

동물보호구역

© Rob Laidlaw

© Rob Laidlaw

불확실한 운명에서 구조된 리틀 피그는 지금 체다 로 농장동물 보호구역에서 산다.

• 도살장으로 향하는 트럭에서 떨어진 돼지의 운명

"이리 온 리틀 피그, 이리 온 리틀 피그."

리틀 피그가 방목장 저쪽 끝에서 피트 풀을 향해 촐랑촐랑 달려 나왔다. 기쁨 가득한 모습으로 장난을 치듯 이리 껑충 저리 껑충 뛰면서 지그재그로 달려왔다.

그런데 가까이 다가오자 갑자기 근처에 있는 다른 돼지들의 눈치를 살피기 시작했다. 당연했다. 다른 돼지들의 몸집이 리틀 피그의 세 배는 됐으니까. 리틀 피그는 울타리까지 와서 달착지근하고 굵직한 당근 세 개를 상으로 받았다.

체다 로 농장동물 보호구역The Cedar Row Farm Sanctuary은 캐나다 온타리오에 있다. 피트 풀의 가족이 설립한 이 보호구역은 고기, 우유, 달걀을 생산하는 농장에서 구조된 동물들이 여생을 안전하고 평화롭게 보낼 수 있는 멋진 곳이기도 하다.

리틀 피그는 도살장으로 팔려 가다가 달리는 트럭에서 떨어졌다. 용케 살아남았고, 상처 입고 피를 흘리면서도 차들이 쌩쌩 달리는 2차선 도로를 무사히 건너 수풀 속에 몸을 숨겼다.

지나던 길에 그 광경을 목격한 한 운전자가 다치고 겁에 질린 돼지를 수의사에게 데려갔다. 수의사는 돼지의 상처를 치료한 뒤에 돼지를 맡아 줄 곳을 찾아 전화를 돌리기 시작했다. 그러기를 얼마나 했을까. 마침내 최적, 최고의 장소를 찾아냈다. 그곳이 바로 체다 로 농장동물 보호구역 이다. 그렇게 태어난 지 겨우 6개월 만에 생을 마감할 뻔한 리틀 피그는 살아남았다. 그리고 앞으로 10년이나 15년쯤 더 살 것이다.

© The Cedar Row Farm Sanctuary

체다 로 보호구역은 농장동물에게 안전하고 편안한 보금자리를 제공하고 있다.

보호구역을 운영하다 보면 놀랄 일들이 수시로 벌어진다. 어느 날 외출했다가 돌아온 부인이 피트에게 "소 한 마리", "길에서", "승합차" 등의 단어를 마구 섞어서 쏟아냈다. 도대체 무슨 말을 하는지 알 수 없었지만 부인이 집으로 혼자 돌아오지 않았다는 것만은 확실했다. 부인을 따라 밖으로 나가 보니 부인이 타고 나갔던 승합차 뒤칸에 붉은 무늬가 얼룩덜룩한 홀스타인 종의 호리호리한 송아지가 타고 있었다.

부인은 이 조그만 송아지가 눈 내리는 도로가에서 영하의 맹추위에 떨고 있는 것을 발견했던 것이다. 기껏해야 생후 1, 2주에, 몸무게 40킬로그램 정도인 작은 송아지였다. 심지어 탯줄도 그대로 붙어 있었다. 부부는 송아지를 헛간으로 들이밀어 몸을 녹일 수 있게 했다. 두 사람은 이 어린 동물이 생후 몇 주 만에 도살장으로 끌려가다가 여차저차 해서 탈출에 성공했을 거라고 짐작했다. 주로 이런 젖먹이 송아지를 송아지고기* 용으로 도축하기 때문이다.

부인은 송아지에게 찰리라는 이름을 지어 주었고, 찰리는 금방 건강해졌으며, 지금은 행복하게 지내고 있다. 심지어 이곳에서 단짝 친구를 얻기도 했다. 같은 홀스타인 소인 칙피가 바로 찰리의 단짝 친구다.

● 고급 요리의 식재료로 쓰이는 송아지고기veal는 갓 태어난 송아지를 어미에게서 떼어내 다리를 뻗거나 눕지도 못하는 좁은 우리에 감금한 후 죽지 않을 정도로만 먹여서 심한 빈혈을 일으키는 방법으로 얻는다. 보통 생후 5개월이 되기 전에 도살하는데 이렇게 얻은 송아지고기는 연하고 부드러워서 비싸게 팔린다.

애니멀 에이커스 농장동물 보호구역은 방문객들에게 농장동물이 생각하고 느낄 줄 아는 존재이며, 따라서 사랑과 관심을 가지고 돌봐야 한다고 가르친다.

애니멀 에이커스의 목적은 사람들에게
농장동물이 살아 숨 쉬고 생각하는 존재이며
물건이나 상품이 아님을 일깨우는 것이다.

● 연민교육센터를
운영하다

캘리포니아 액턴 근처에 있는 3만 평 규모의 애니멀 에이커스Animal Acres 농장동물 보호구역에 찾아간 날은 몹시 뜨거웠다. 방문객들은 보호구역을 돌아보며 이곳의 식구인 닭, 칠면조, 오리, 돼지, 염소, 양, 소, 말들을 만나려고 모여 있었다. 이곳의 동물들은 모두 도살장에서 구조되거나 인간이 먹는 우유와 달걀을 생산하기 위해 잔혹한 환경에서 사육되다가 구출된 동물들이다.

애니멀 에이커스의 주된 목적 중 하나는 사람들에게 농장동물이 살아 숨 쉬고 생각하는 존재이며, 잔인하게 감금된 채 학대받아도 괜찮은 물건이나 상품이 아니라는 사실을 일깨우는 것이다. 그래서 이들은 연민교육센터compassionate living and education center도 함께 운영하고 있다. 농장동물이 더 나은 환경에서 살아야 한다는 사실을 깨우치는 가장 좋은 방법은 이 동물들을 직접 만나 보는 것이다. 이들의 놀라운 개성을 경험해 보면 세상에서 가장 단단하게 굳어 버린 가슴도 녹지 않을 수 없기 때문이다.

애니멀 에이커스는 이곳 외에도 시설이 더 있다. 하나는 캘리포니아 북부에, 또 하나는 뉴욕 왓킨스 글렌에. 혹시 이 지역을 여행하게 된다면 한번쯤 들러보기를.

● 노동하는 낙타를
　돕는 프로젝트

세계 최초의 낙타 구조센터가 2001년 동물보호단체인 헬프 인 서퍼링Help In Suffering의 주도로 인도 자이푸르 시 외곽에 세워졌다. 이 지역에는 노동에 동원되거나 수레를 끄는 낙타가 많다. 그러다 보니 제대로 된 보살핌을 받지 못한 채 방치되고 학대받는 경우가 매우 많다.

헬프 인 서퍼링은 낙타 프로젝트를 통해 병들거나 부상당한 낙타를 치

세계 최초의 낙타 구조센터가 인도의 자이푸르 시 외곽에 문을 열었다.

료해 주고, 지금까지 1만 5,000마리가 넘는 낙타의 기생충을 없애 주었다. 노동하는 낙타가 흔히 겪는 문제는 주인이 통제를 위해 코뚜레를 달아놓고 함부로 사용해서 생기는 코 부상, 안장에 쓸려 생기는 안장통, 탈진, 과로 등이다. 낙타는 발이 물러서 다리를 저는 경우가 많다. 낙타가 포장도로를 오래 걷다 보면 뾰족한 물체에 발바닥이 뚫리는 일도 자주생긴다. 또한 수레를 끄는 낙타들은 자동차에 치이는 일도 잦다. 특히 운전자가 낙타를 알아보기 어려운 밤에 자주 치인다. 그래서 헬프 인 서퍼링은 수레 뒤에 부착할 수 있는 반사경 1만 1,000개를 배포했고, 이제 자동차 운전자들은 밤에도 낙타를 볼 수 있게 되었다.

4장

넓은 공간, 습성에 맞는 기후, 친구들이 있는 곳,

동물원 동물 & 쇼 동물 보호구역

동물보호구역

코끼리에게는 넓은 공간과 초지, 적합한 날씨가 필요하다.

• 삶에 대한 열정을 잃은
코끼리 매기

1983년, 아프리카의 코끼리 도태*culling 프로젝트 때 한 살배기 새끼 코끼리 매기는 가족을 잃고 알래스카 앵커리지에 있는 알래스카 동물원으로 팔려 갔다. 동물원이 매기를 들여온 이유는 여러 해 동안 혼자 살아온 아시아코끼리 애나벨에게 친구를 만들어 주기 위해서였다. 둘은 사이좋게 잘 지냈지만 애나벨이 발 염증**으로 1997년 세상을 떠나고 말았다. 그때부터 매기는 혼자가 되었다.

● 1980년대 아프리카에서는 개체수 조절과 서식지 보호라는 명목으로 대부분의 코끼리 무리를 살육하고 이주시켰다. '도태'라 불린 이 방식은 지능이 높은 코끼리에게 심리적 트라우마를 형성시킨다는 이유로 비난받았지만 계속 이어졌다.

●● 발 염증은 동물원에 사는 코끼리에게 많이 나타나는 심각한 질환 중 하나다. 코끼리의 관절염과 발 염증은 야생에서 필요한 공간보다 1,000배나 작은 공간에 갇혀 사는 코끼리에게 필연적인 질병이라고 할 수 있다. 운동 부족, 과체중, 딱딱한 흙바닥과 콘크리트 바닥에 서 있기, 차고 습한 생활환경 때문에 발생한다. 발 염증은 코끼리에게 치명적인 감염을 일으키는데 야생에 사는 코끼리에게서는 발견되지 않는다.

암컷 코끼리는 사회성이 매우 높고 대부분 평생 한 가족과 더불어 살아간다. 야생 코끼리는 사는 동안 약 100마리 이상의 코끼리들과 알고 지내고, 그중 상당수를 매일 풀을 뜯으러 다니면서 마주친다.

알래스카의 짧은 여름 동안 매기는 실외에 있는 작은 우리의 딱딱한 땅을 밟으며 느릿느릿 거닐었다. 하지만 긴긴 겨울 동안에는 대부분의 시간을 45평짜리 헛간의 차가운 콘크리트 바닥 위에서 서서 보냈다. 매기는 과체중이었고 잘 움직이지 않았다. 건강과 삶에 대한 열정이 빠르게 사그라져 갔다.

동물원은 매기가 운동을 해야 살 수 있다는 사실을 깨닫고는 코끼리가 사용할 수 있는 거대한 러닝머신을 만들어 주었다. 하지만 매기는 그 기계를 결코 이용하지 않았다.

2007년 5월, 매기는 옆으로 누운 채 발견되었다. 그리고 그 상태에서 일어나지 못했다. 코끼리는 오랫동안 옆으로 누운 자세로 있는 것만으로도 굉장히 위험한 일이다. 어마어마한 몸무게가 장기를 쭈그러 뜨리고, 근육을 손상시키며, 피가 안 통하게 하고, 숨을 쉬기 어렵게 만들기 때문이다. 매기를 살릴 수 있는 골든타임이 지나가고 있었다.

동물원은 재빨리 조치를 취했다. 소방서와 견인 회사에 도움을 요청해 19시간 만에 매기를 일으켜 세웠다. 하지만 매기는 이틀 뒤에 또다시 옆으로 누웠다. 이번에는 일으켜 세우는 데 여섯 시간이 걸렸다.

사실 쓰러지기 전에도 알래스카 동물원에 갇힌 매기의 외로운 삶은 외부로부터 주목을 받고 있었다. 주민들이 문제를 제기하고 목소리를 높이기 시작했던 것이다. 앵커리지의 일부 시민들은 매기의 친구들Friends of Maggie이라는 단체를 만들어 동물원 측에 매기를 더 나은 곳으로 옮겨야

매기는 공연동물복지협회 보호구역에서 새로운 친구들에게 둘러싸여 행복한 사회생활을 하고 있다.

매기는 알래스카 동물원에서 삭막하고 비좁은 환경에서 혼자 살았다.

한다고 압력을 넣었다.

　매기의 친구들은 정부 관료들에게 탄원서를 보냈고, 동물원 관리자를 만났으며, '매기 구하기'라는 행사도 주최했지만 동물원은 꿈쩍도 하지 않았다. 그러다가 매기가 쓰러지자 결국 동물원은 매기를 다른 곳으로 옮기는 데 동의했다.

　2008년 11월 1일, 매기는 에어포스 C-17 화물기에 실려 캘리포니아로 날아갔다. 공연동물복지협회Performing Animal Welfare Society 보호구역으로 간 것이다. 새 보금자리는 매기가 이제껏 경험했던 곳과는 달리 드넓은 공간과 따뜻한 날씨로 매기를 맞았다. 무엇보다 중요한 것은 이곳에서 코끼리 친구들과 함께 어울려 지낼 수 있게 되었다는 점이다.

• 코끼리 삼총사의
경삿날

2011년 5월, 토론토 동물원은 코끼리 전시를 중단하기로 결정했다. 막대한 비용을 들여 새로운 코끼리 전시관을 지을 형편이 안 되었기 때문이다. 주체크Zoocheck를 비롯한 동물보호단체들은 즉각 동물원 측의 결정에 환영 의사를 밝혔다. 하지만 동물원 측이 밝힌 코끼리 전시 중지의 이유와 동물단체의 환영 이유는 확연히 달랐다. 동물단체는 토론토 동물원에는 코끼리에게 적합한 넓은 공간이 없고 기후도 너무 추워서 전시하기에 맞지 않다고 판단했다. 그 때문에 이미 몇 마리의 코끼리가 죽어 나간 상황이었다.

주체크는 캘리포니아에 있는 공연동물복지협회 아크ARK 2000 보호구역으로 보내야 한다고 주장했다. 그곳은 코끼리들이 활보할 수 있는 드넓은 공간과 목초지가 있었고, 어울릴 수 있는 친구들이 있었으며, 날씨도 훨씬 적합했다. 무엇보다 좋은 점은 일단 그곳으로 간다면 두 번 다시 다른 곳으로 옮겨가지 않아도 되고 삼총사가 헤어질 일도 결코 없었기 때문이다. 하지만 토론토 동물원은 남아 있던 코끼리 세 마리, 토카, 티카, 이링가를 다른 동물원으로 보내려고 했다.

2011년 10월 25일, 토론토 시의회는 이 문제를 표결에 붙였다. 그 결과 31 대 4라는 압도적인 표차로 코끼리들을 보호구역으로 보내기로 결정했다. 코끼리들의 경삿날이었다.

2011년, 토론토 시의회는 토론토 동물원 코끼리
세 마리를 캘리포니아에 있는 방대한 규모의 공연
동물복지협회 아크 2000 보호구역으로 보내기로
결정했다.

© Jo-Anne McArthur

© Jo-Anne McArthur

• 고아가 된 새끼 코끼리와
코뿔소를 돌보다

케냐의 데이비드 셸드릭 야생동물재단David
Sheldrick Wildlife Trust은 고아가 된 코끼리와 코뿔
소를 돌보다가 자립할 준비가 되면 야생으로 돌려 보내는 사업을 진행한
다. 또 찾아가는 동물 치료소와 지역 사람들을 상대로 한 교육 프로그램
도 운영하고 있으며, 대원들을 파견하여 위험한 덫을 제거하기도 한다.
덫 때문에 수많은 야생동물이 포획되거나 불구가 되었기 때문이다.

무리의 일원으로 자라는 것은 새끼 코끼리 성장에 매우 중요한 부분이다.

　지금까지 80마리가 넘는 새끼 코끼리가 이곳에서 자라서 야생으로 돌
아갔다. 처음 야생으로 돌려보낸 코끼리는 올멕이다. 올멕은 태어난 지
겨우 2주밖에 안 되었을 때 밀렵꾼에게 어미를 잃고 이곳으로 왔다. 지금
올멕은 케냐 남동부에 있는 차보 국립공원의 야생 코끼리 무리에 섞여
20년 넘게 잘 살아가고 있다.

　재단이 새끼 코끼리를 먹이고 기르는 최선의 방법을 찾기까지는 시간
이 꽤 걸렸다. 새끼 코끼리는 적어도 2년 동안 엄마 젖을 먹고 자라야 하
는데, 엄마를 잃은 새끼가 모유 대신 대용식에 의지하여 살아남기에 2년
은 무척 긴 시간이다. 더구나 암컷 코끼리 젖에 함유된 지방과 소의 유지
방이 많이 달라서 코끼리 젖 대용식을 개발하는 것 또한 이만저만 까다
로운 일이 아니었다.

　또한 재단은 고아가 된 새끼 코끼리들은 대부분 무서움에 떨거나 외로
움을 느끼며 트라우마를 앓는다는 사실을 알게 되었다. 그래서 새끼 코
끼리에게 가족 같은 느낌을 줄 수 있도록 하는 독특한 시스템을 만들었
는데, 돌보는 사람이 밤에 함께 잠을 자는 것도 그런 방법 중 하나다.

데이비드 셸드릭 야생동물재단의 새끼 코끼리는 돌보는
사람을 안전하고 믿을 수 있는 존재라고 생각한다.

5장

인간이 만든 잔혹한 우리를 벗어나다,

곰 보호구역

동물보호구역

2000년부터 277마리가 넘는 곰들이 사육곰 농장에서 구조되어 애니멀스아시아재단으로 보내졌다.

● 고통받던 사육곰은
   구조자의 손을 꼭 잡았다

1993년, 국제 동물보호단체의 대표였던 질 로빈슨은 중국의 사육곰 농
장을 조사 중이었다. 사육곰은 중국 중의학®에서 치료제로 언급되는 쓸
개즙을 뽑아내는 데 이용된다. 쓸개즙은 곰의 간에서 만들어져 쓸개에
저장되는 소화를 돕는 체액이다.

질 로빈슨이 어두침침한 실내로 들어섰을 때에는 너무 어두워서 뭐가
있는지조차 알아볼 수 없었다. 다만 낮게 으드득거리는 소리만 분명하게
들렸다. 눈이 어둠에 차츰 익숙해져 눈앞에 펼쳐진 광경을 봤을 때 질은
경악하고 말았다.

공중에 떠 있는 비좁은 철장마다 처참한 몰골의 아시아흑곰Asian black
bear이 갇혀 있었다. 두 마리는 발이 없었고, 나머지는 쇠창살을 끊임없이

● 중의학Traditional Chinese Medicine은 중국에서 개발되어 수백, 수천 년 동안 이용되고 있는 의료 행위
   의 한 방법이다.

물어댄 탓에 이가 부러져 있었으며, 옆구리에는 긴 흉터가 나 있었다.

어느 곰의 위 부위에 툭 튀어나와 있는 텅 빈 금속관을 발견한 질은 자세히 살펴보려고 가까이 다가갔다. 살갖이 붉게 벗겨진 것이, 관이 뚫고 들어간 배 언저리가 감염된 게 분명했다.

그때 질은 뭔가가 자기를 건드리는 느낌을 받았다. 돌아보니 곰 한 마리가 창살 너머로 앞발을 내뻗고 있었다. 질은 자기를 향해 내밀어진 앞발을 잡았고, 곰도 그녀의 손을 살며시 그러쥐었다.

● 쓸개즙 때문에 학대당하는 사육곰

질은 공포영화를 보는 것 같았다.

"몸에 딱 맞는 철장에 갇힌 채 누워 있었기 때문에 곰들은 조금도 움직일 수가 없었어요. 일어설 수도, 돌아누울 수도 없었지요. 할 수 있는 일이라고는 그저 창살 밖으로 앞발을 뻗어 먹이를 먹는 것뿐이었어요."

곰들은 79센티미터×130센티미터×200센티미터 크기의 쓸개 추출용 철장에 갇혀 있었다. 옴짝달싹할 수 없는 작은 철장에 갇힌 곰은 더 이상 인간이 두려워하는 야생동물이 아니었다. 곰들은 그렇게 평생 누운 채로 배에 관을 꽂고는 고통스럽게 쓸개즙을 빼앗기고 있었다.

질은 그 광경을 떨쳐 버릴 수가 없었다. 도대체 누가 이 곰들을 그토록 끔찍한 환경 속에 가둬 두는지 납득할 수가 없었다. 곰들을 위해 행동에 나서야겠다고 마음먹은 질은 또 다른 사육곰 농장을 방문했을 때 사진과 비디오를 찍었다. 그 자료를 국제동물복지기금IFAW, International Fund for

실외 사육장은 일상을 더욱 흥미롭게 해 주는 각종 기구와 구조물로 가득하다.

Animal Welfare에 보냈고, 그 자료가 발표되자 전 세계 사람들은 충격에 빠졌다.

1995년 중국의 지방정부는 질이 촬영한 사육곰 농장을 재빨리 폐쇄하고는 곰들을 질과 동물보호단체에 넘겼다. 마침내 질은 자신이 보았던 끔찍한 환경 속에서 살던 곰들을 구조하여 치료하고 재활시킬 수 있게 되었다. 1998년, 질은 중국에서 혹사당하는 7,000마리가 넘는 사육곰을 구조하기 위해 애니멀스아시아재단Animals Asia Foundation을 설립했다.

애니멀스아시아재단은 열심히 활동했다. 중의학에서 말하는 곰 쓸개즙의 효능이 먹을거리가 풍부해지고 다양한 약이 개발된 현대에도 의학적으로 의미가 있는지를 연구하고, 중국 관료들을 만나고, 중국과 그 밖의 나라에서 살아가는 사육곰을 위한 기금도 모금했다. 놀랍게도 2000년

에는 애니멀스아시아재단과 쓰촨성 삼림청이 손을 잡고 사육곰 500마리
를 쓸개즙 농장에서 구조했다. 나아가 곰 사육을 금지시키기로 합의하는
성과를 거뒀다.

그뒤 한 사업가의 후원으로 애니멀스아시아재단은 청두 시 근처에 곰
보호구역을 설립했다. 사육곰을 보호하는 시설로는 세계에서 유례가 없는
곰 구조센터Moon Bear Rescue Center가 탄생한 것이다. 이곳은 넓은 반야생의
대나무 숲과 재활 구역을 갖추고 있다. 곰들은 이곳에서 넓은 공간을 마음
껏 활보할 수 있고, 여러 풍부한 환경을 이용해서 다양한 활동도 할 수 있
으며, 혼자 있고 싶을 때는 혼자 있을 수 있는 자유도 누릴 수 있다.

또한 곰 구조센터는 교육기관이기도 하다. 센터에서는 중국 사람들에
게 곰과 동물을 대하는 태도에 대해 교육하고 있다. 교육을 통해서만 사
람들의 인식과 행동을 변화시킬 수 있기 때문이다. 또 중의학에서 곰 쓸
개즙 대신에 잔혹하지 않은 대체물질을 이용하도록 홍보하는 일도 이들
의 몫이다.

2000년 이후로 43곳이 넘는 곰 농장이 문을 닫았고, 277마리가 넘는
곰들이 애니멀스아시아재단으로 구조되어 왔다. 사육곰 농장에서 온 곰
들은 처음에는 건강 상태가 처참했지만 다행히 정성어린 보살핌과 수의
사들의 집중적인 치료 덕분에 회복에 성공했다. 수년 동안 이어진 가혹
한 학대에도 불구하고 모두 이겨내고 몸과 정신이 빠르게 회복되는 모습
을 지켜보는 건 놀라운 일이었다.

곰 구조센터는 지금까지 중국에 사는 곰들의 삶을 개선해 온 것처럼
앞으로는 더욱 막강한 영향력을 발휘할 것이다. 최근에는 이웃 나라 베
트남에도 탐 다오Tam Dao 보호구역을 세웠다. 베트남에서는 3,000마리가

넘는 곰이 농장에서 사육되고 있다.

　아직도 할 일이 많지만 질 로빈슨과 애니멀스아시아재단의 활동에 감명을 받은 많은 아름다운 이들이 함께하기에 고통받는 곰들에게 희망이 되고 있다.

•삶이 살 만한 것임을
　알게 되다

　1994년 12월 9일, 몰리는 캐나다 온타리오에 있는 곰 보호구역인 베어 위드 어스Bear With Us에 도착했다. 몰리는 아일랜드 서커스단에서 클라이

베어 위드 어스 설립자인 마이크 매킨토시에 따르면, 몰리는 수줍음이 많은 곰이지만 더 이상 이상행동을 하지 않는다.

드라는 이름으로 춤을 추던 곰이었다. 클라이드는 서커스단에서 수년간 이어진 감금과 학대 때문에 심한 이상행동을 보였다. 끊임없이 몸을 앞뒤로 흔들었고 고개를 깐닥거렸다. 다행히 몰리는 아일랜드 동물학대방지협회Irish SPCA에 의해 구조되어 베어 위드 어스로 오게 되었다.

몰리는 이곳에서 친구도 만났다. 몰리와 친구가 된 요기도 서커스단에서 일하다가 구조되었다. 현재 몰리와 요기는 나무가 빽빽하게 우거진 1,100평 규모의 보호구역을 누비며 흥미진진한 일상을 보내고 있다. 둘은 벌써 20년이 넘게 이곳에서 함께 지내고 있고, 나이도 서른 살을 넘겼다. 곰 보호구역은 곰들에게 삶이 살 만한 것임을 알게 해 주었다.

● 지능이 높고 유순한 곰

미국에는 제프 트래스카가 설립한 위스콘신 흑곰 교육센터Wisconsin Black Bear Education Center가 있다. 1980년대 초에 야생에서 흑곰을 연구하기 시작한 제프는 오래지 않아 곰이 지능이 높고 유순하다는 사실을 알게 되었다. 그리고 무엇보다 서식지의 생태계에서 곰이 매우 중요한 역할을 한다는 사실을 알게 되었다.

곰에게 푹 빠져 있던 제프는 그가 첫 번째로 구조한 곰 빈스에게 보금자리를 마련해 주었다. 그런데 시간이 지나면서 빈스만을 위해 마련했던 소박한 공간은 드넓은 천연림 방목장으로 넓어졌다. 위스콘신 흑곰 교육센터는 규모가 크고 무엇보다 곰이 좋아하는 온갖 활동이 가능한 공간으로 호기심이 많고 활력이 넘치는 곰에게 천국과도 같은 곳이

© Jeff Traska / Wisconsin Black Bear Education Center

보호구역 내의 곰들은 인간의 이익을 위해 이용당하던 사육곰들이 경험하기 힘든 양질의 삶을 누린다.

다. 현재는 빈스 외에 어린 곰인 써니와 문도 이곳의 식구가 되어 함께 지내고 있다. 셋은 이곳에서 갇힌 상태에서는 경험할 수 없는 양질의 삶을 누리고 있다.

6장

서커스단의 사자는 태어나 처음으로 풀밭을 밟았다,

사자 & 호랑이 보호구역

© George Logan

동물보호구역

오랫동안 목을 옥죄는 쇠사슬에 묶여 있었는데도 보호구역으로 온 후 돌로는 활동적이고 호기심 많은 사자가 되었다.

• 돈벌이 수단이 아니라
사자가 사자답게 살 수 있는 곳

에디오피아의 가난한 시골 마을 사람들이 어린 사자 한 마리를 사로잡았다. 그들은 어린 사자를 이용해서 돈을 벌 방법을 궁리했다. 대형 고양잇과 동물을 보고 싶어 하는 사람들이 많으니 돈을 받고 보여 주면 될 것 같았다. 그래서 돈 많은 지역 주민과 관광객들에게 2비르(한국 돈으로 대략 100원-옮긴이)를 받고 돌로를 전시하기 시작했다. 변변찮은 소득이지만 가난한 사람들에게는 분명 보탬이 되었다.

마을 이름을 따 돌로라고 이름 지어진 어린 사자는 가정집의 뒤켠 좁은 공간에 갇힌 채 살게 되었다. 사자가 무서운 동물이라는 사실을 아는 주민들은 안전을 이유로 짧고 무거운 쇠사슬로 목줄을 만들어 매어 놓았다. 시간이 흐르면서 돌로는 몸집이 커졌다. 하지만 목에 맨 쇠사슬은 그대로였다. 마을 사람들은 사자를 어떻게 다뤄야 하는지 몰랐고, 쇠사슬을 느슨하게 해 주려고 돌로에게 다가가려 했지만 공격당할까 봐 두려워 다가가지도 못했다. 그러는 사이에 쇠사슬은 돌로의 목을 점점 더 죄어 왔다. 몹시 고통스러운 상황이었고, 쇠사슬이 돌로의 목을 쓸어 갈기도 자라지 못했다.

게다가 돌로는 제대로 먹지도 못하여 깡마르고 쇠약해져 갔다. 주민들은 가난하여 육식동물인 돌로에게 먹을 것조차 제대로 주지 못했다. 그러는 사이에 돌로의 몸도 마음도 망가져 갔다. 돌로의 근육은 위축(질병이나 사용 부족으로 인해 신체조직이 쇠퇴한 상태)되었고, 점점 생기가 사라졌으며, 자포자기한 상태에 빠져들었다. 그냥 두었다가는 죽을 수도 있었다.

에이낫 다니엘리는 돌로 소식을 접하자마자 바로 돕지 않으면 돌로가 죽을 수도 있음을 직감했다. 에이낫은 곧바로 돌로의 처참한 상황을 세상에 알리기 시작했다. 에티오피아 야생동물 관리당국은 물론이고 귀를 기울일 만한 사람이라면 누구든 상관하지 않고 그들에게 호소했다. 마침내 돌로의 이야기를 들은 영국 야생동물 보호단체인 본프리재단Born Free Foundation이 돕겠다고 나섰다.

본프리재단은 당장 조사에 착수했다. 그리고 처참한 상태의 돌로를 발견했다. 바로 돌로를 구조할 계획을 세웠고 돌로가 주민들에 의하여 돈벌이를 위한 전시동물로 사육되는 것은 에디오피아 법률 위반이기 때문에 재단은 에티오피아 야생동물보호국에 신고했다. 마침내 돌로의 목을 옥죄고 있던 쇠사슬이 벗겨지고 돌로의 고통스러운 나날도 끝이 났다.

구조된 돌로는 제대로 된 보살핌을 받기 시작했다. 무엇보다 제대로 된 식사를 하기 시작하자 몇 주 지나지 않아 몸무게가 불기 시작했고, 무엇보다 침울했던 성격이 활발해졌다. 갈기도 다시 자라기 시작했다. 목에 새겨진 쇠사슬이 옥죄었던 자국은 영원히 사라지지 않겠지만 다행히 자라난

안전한 환경 속에서 훌륭한 보살핌을 받은 덕분에 돌로는 기운차고 건강해졌으며, 이곳저곳 보금자리를 탐험하며 지내는 걸 좋아하게 되었다. 야생으로 돌아갈 수 없는 돌로는 영원히 이 보금자리에서 지낼 것이다.

털에 금세 가려졌다. 돌로는 비로소 밝고 혈기왕성한 사자가 되었다.

돌로 구출 작전을 계기로 본프리재단은 에티오피아 야생동물보호국과 공동으로 에티오피아 최초의 야생동물 구조 및 보호, 교육을 위한 센터를 설립했다. 엔세사코테Ensessakotteh(에디오피아 공용어인 암하라 말로 '동물 발자국'이라는 뜻이다)라는 이름의 이 기관은 돌로에게 보금자리를 제공하는 데 그치지 않고 압수된 다른 많은 동물을 돕고 있다.

엔세사코테로 옮겨온 후 돌로는 자신감이 붙고 점점 사자다워졌다. 쇠사슬에 묶여 살던 우울하고 병약한 동물이 아니라 탐험하고 뛰놀며 즐기는 건강한 사자가 되었고, 새롭게 구조된 어린 암사자 사피아와는 한 식구가 되었다.

돌로는 근육을 단련하고, 높은 울타리에 대고 몸을 길게 뻗기도 하고, 그늘에 누워 쉬거나 햇볕을 쬐면서 하루를 보낸다. 사자처럼 살기 시작한 것이다. 이제 돌로의 포효 소리는 수 킬로미터 밖에서도 들을 수 있다.

야생동물 밀매와 불법 포획을 막으려면 정부가 불법으로 감금된 동물을 압수했을 때 보낼 곳이 있어야 한다. 그들을 일단 피신시키고 치료해줄 피신처가 없으면 불법을 적발하고도 고통 속에 있는 동물에게 도움을 줄 방법이 없다. 특히 돌로처럼 신체적으로 다 회복되어도 야생성을 잃어버려서 야생으로 방사할 수 없는 동물은 영구적인 보금자리가 필요하다. 물론 잠시 쉬면서 건강을 회복한 후 야생으로 돌아갈 수 있는 동물들에게는 영구적인 보금자리가 아니라 임시 거처가 필요한데, 바로 엔세사코테가 그런 두 가지 역할을 모두 하고 있다.

• 사자 25마리 구출 및
항공 수송 대작전

현재 미국의 야생동물 보호구역The Wild Animal Sanctuary의 드넓은 자연 방목장을 누비고 다니는 사자 25마리는 사상 최대 규모의 사자 구출 작전의 주인공들이다. 사자들은 사상 최대의 사자 항공 수송 작전이었던 이른바 '사자 방주(노아의 방주를 빗댄 작전명이다) 작전'의 주인공들이다.

이 사자들은 구조되기 전에 남아메리카 볼리비아의 여러 서커스단에서 일했다. 무대에 오르는 쇼 동물은 비인도적인 여건 아래 산다. 서커스단에 소속된 동물 중 사자나 호랑이 등의 대형 고양잇과 동물과 곰, 유인원 등은 대부분 맹수 수레라고 불리는 바퀴가 달린 좁은 우리에 갇혀 산다. 이 덩치 큰 동물들은 폭 1미터 내외, 길이 2~3미터에 불과한 작은 수레 안에서 먹고 자면서 대소변을 해결한다. 또한 무대 위에서 정해진 시간 안에 정확한 행동을 연기해야 하기 때문에 조련사들은 동물들을 가혹하게 학대한다. 서커스단의 조련사들은 온갖 끔찍한 방법으로 동물들을 훈련시키지만 절대 관객의 눈에는 띄지 않는다.

이런 상황을 정확히 파악한 애니멀 디펜더스 인터내셔널Animal Defenders International은 볼리비아에서 동물공연금지법을 제정해야 한다는 캠페인을 벌이면서 25마리 사자를 구조하는 작전을 벌였다.

애니멀 디펜더스 인터내셔널의 캠페인이 성공적으로 진행된 덕분에 법안이 통과되었고, 서커스단들은 1년 안에 동물들을 다른 곳으로 옮기거나 아예 포기해야 했다. 일부 서커스단은 법 집행에 따라 동물을 포기했다. 하지만 몇몇 서커스단은 저항했다. 애니멀 디펜더스 인터내셔널은 볼리비아 정부와 공조하여 법을 강제로 집행하고 동물들을 압수하기 시

노아의 방주를 방불케 한 사자 25마리의 항공 수송 작전인 '사자 방주 작전'은 역사상 최대 규모로 진행되었다. 덕분에 사자들은 서커스단의 잔인한 환경에서 구조되어 야생동물 보호구역에서 행복하게 살고 있다.

작했다. 그 결과, 3주 만에 사자 25마리를 포함해 볼리비아에 남아 있던 서커스 동물을 모두 구출해 냈다.

그중 사자 25마리는 DC-10 항공기를 타고 미국에 있는 89만 평 규모의 육식동물을 위한 보호구역인 야생동물 보호구역으로 옮겨갔다.

새로운 보금자리에 사자들을 방사했을 당시 사자들은 어리둥절했다. 방사된 사자 중에는 태어나면서부터 쇼 동물로 살아서 풀밭을 처음 밟아 보는 경우가 많았기 때문이다. 하지만 사자들은 곧 넓은 공간을 활보하기 시작했고, 특히 그늘에서 쉬고 기어오를 수 있는 나무를 무척 좋아했다.

•휴게소에서 전시되는 호랑이 토니

미국 루이지애나 주의 그로세 테트의 트럭 휴게소에는 특별한 주유소가 있다. 지역 주민과 방문객들이 들러서 차에 기름을 채우는 이 주유소에는 호랑이 전시장이 있기 때문이다. 이 휴게소는 살아 있는 호랑이를 20년 넘게 전시해 오고 있다. 덕분에 이 휴게소는 호랑이를 볼 수 있는 곳으로 유명세를 탔고, 어린 수컷 호랑이 토니가 유명세를 이끌고 있다.

토니는 이 휴게소에 남아 있는 마지막 호랑이다. 토니가 머무는 곳은 자연과는 거리가 멀다. 주변에 풀도 나무도 없는 우리에서 토니는 혼자 갇혀서 지낸다. 토니가 하루 종일 하는 일이라고는 우리에 갇혀서 오가는 차와 사람들을 쳐다보는 것뿐이다. 승용차와 트럭이 내뿜는 매연을 맡고 소음을 듣는 것이 삶의 전부다.

토니가 갇혀 있는 이곳은 북아메리카 국가에서 볼 수 있는 길거리 동

호랑이는 풀과 나무와 햇볕과 같이 자연적 요소로 가득한, 풍요롭고 열린 환경에서 살아야 한다.

물원Roadside Zoo이다. 길거리 동물원은 시골 도로와 도시 외곽 고속도로 근처에서 운영되는 동물원으로 개인 사업체가 직접 만든 철장과 우리 속에 적은 수의 동물을 가둬 놓고 전시하면서 돈을 번다.

　미국과 캐나다에서는 누구나 사자를 애완동물로 살 수 있고, 사는 데 면허도 필요없을 뿐 아니라 아무런 절차도 없다. 길거리 동물원의 우리는 야생동물의 체구에 비하여 너무 좁고, 동물원을 운영하는 사람들은 소유한 동물들의 생태에 대해서 모르므로 어떻게 돌봐야 하는지도 모른다. 동물관리에 대해 교육을 받지도 않았고, 영세하여 동물에게 쾌적한 환경을 만들어 줄 돈도 없다. 이렇다 보니 허술한 관리 탓에 종종 우리를 탈출한 야생동물이 사람을 물어서 죽이는 일도 발생한다. 하지만 이 나라에는 길거리 동물원의 야생동물 복지에 관한 법이 없기 때문에 처벌도 하지 못한다.

이런 이유로 토니가 열악한 환경 속에서 살아도 마땅히 구조해 줄 방법이 없었다. 하지만 몇몇 사람들이 토니의 안녕을 부쩍 염려하게 되었고 목소리를 높이기 시작했다. 토니를 동물보호구역으로 보내야 한다고 주장하기 시작한 것이다. 토니를 돕자는 캠페인이 활발해지자 동물단체인 동물보호법률기금Animal Legal Defense Fund이 합류했다. 2010년, 동물보호법률기금은 토니를 사육해도 된다는 허가가 정당하지 않다면서 소송을 제기했다. 그리고 1년 후, 판사는 루이지애나 주정부에 휴게소에서 호랑이를 전시하는 것에 대한 허가를 철회하고 이후 새로운 허가를 내주지 말 것을 명령했다.

이때만 해도 루이지애나 주정부가 야생동물을 전시할 수 없도록 하는 법안을 통과시키고 토니가 동물보호구역으로 떠나, 모든 게 아름답게 끝날 줄 알았다. 호랑이를 전시하는 휴게소가 사라지는 것이니까.

하지만 내가 이 책을 쓰고 있는 2012년에도 토니의 운명은 다시 법정에서 다퉈지는 중이다. 일이 어떻게 풀릴지 기다려야 하지만, 부디 토니가 하루 빨리 동물보호구역으로 옮겨가기를 바란다.

토니, 책 출간 이후 이야기

2010년 동물보호법률기금이 루이지애나 주정부를 상대로 토니 사육에 대한 허가를 취소하라는 소송을 제기했고, 2011년 판사는 루이지애나 주정부에 휴게소에서 호랑이를 전시하는 것에 대한 허가를 철회하고 이후 새로운 허가를 내주지 말 것을 명령했다. 그러나 휴게소에서 20년간 야생동물을 사고, 팔고, 번식하고, 열악한 환경에서 전시해서 돈을 벌었던 운영자는 항소했다. 하지만 항소법원도 동물보호법률기금의 손을 들어주었다. 모든 게 토니의 편인 것 같았지만 운영자는 이후에도 허가 없이 토니를 계속 전시하면서 길거리 동물원을 운영했다. 토니는 운영자의 개인 소유였기 때문이다.

배우 레오나르도 디카프리오를 비롯한 유명인들도 합세하여 토니의 구출을 염원했다. 하지만 지리한 법정 공방이 이어지는 사이 토니의 건강이 나빠졌고, 2017년 10월 토니는 길거리 동물원의 우리 안에서 비참한 최후를 맞았다. 토니는 끝내 눈부신 햇살을 맞고 풀밭을 누비며 호랑이답게 살아 보지 못하고 떠나고 말았지만 동물보호법률기금은 지금도 루이지애나의 대형 고양잇과 소유 금지법을 관철시키기 위하여 싸우고 있다. 그래야 토니 같은 불행한 호랑이가 더 이상 없을 테니까.

(편집자 주, 출처 : 동물보호법률기금)

7장

과학의 이름으로 동물을 학대하다,

실험동물 보호구역

동물보호구역

파우나재단은 침팬지들이 호기심을 갖고 활동할 수 있는 넓은 야외 공간을 제공한다. 자연 요소로 꾸며진 야외 공간은 타고 오를 수 있는 구조물과 기구 등 침팬지들이 언제든 이용할 수 있는 각종 소일거리를 갖추고 있다.

• 27년간 307번의 실험을 당했던
침팬지 페퍼

　침팬지 페퍼는 생체의학 연구실험실에서 태어나 27년 동안 연구기관 서너 군데를 전전하며 살았다. 그사이 페퍼는 실험동물로 무려 307번이나 마취 상태로 실험에 이용되었고, 그중 57번은 끔찍한 생체검사(실험을 위해 몸에서 조직의 일부를 떼어내는 검사)를 받았다. 지속되는 실험에 두려움과 불안에 사로잡힌 페퍼는 정상적인 생활을 할 수 없게 되었다. 페퍼는 대부분의 시간을 좁고 열악한 철장 안에서 멍하니 지냈다.

　그랬던 페퍼에게 도움의 손길이 다가왔다. 2002년, 동물실험, 동물전시 등으로 고통받는 야생동물을 구조하는 파우나재단Fauna Foundation에서 운영하는 보호구역으로 옮겨가게 된 것이다. 페퍼는 동물보호구역으로 옮긴 뒤에도 상태가 쉽게 좋아지지 않았다. 긴 세월 동안 받은 고통이 너무 컸던 것이다. 페퍼가 보통 침팬지들처럼 긴장을 풀고 빙긋 웃게 되기까지 1년이 넘게 걸렸다.

침팬지는 모두 자기만의 생각과 개성을 지닌 독립된 개체다.

© Fauna Foundation

© Fauna Foundation

페퍼는 이제 건물의 창을 통해 밖을 내다보거나 목재 칩을 가지고 놀 정도로 상태가 호전되었다. 페퍼는 2002년에 영장류 실험의학연구소에서 파우나재단으로 옮겨온 침팬지 12마리 중 한 마리다.

의학연구소, 오락산업, 동물원 등에서 구조된 침팬지 15마리 이상이 현재 파우나재단의 동물보호구역에서 살고 있다.

● 돌아다닐 수 있는 넓은 공간과 하고 싶은 일을 선택할 수 있는 자유

파우나재단은 글로리아 그로와 리처드 앨런이 세웠다. 개 조련사였던 글로리아와 수의사였던 리처드는 동물을 돕는 일에 열정을 품고 있었다. 1990년에 두 사람은 캐나다 퀘백 주 몬트리올에서 20분 정도 떨어진 곳에 12만 평 규모의 농장을 구입했다. 그리고 양, 염소, 돼지, 닭, 수레 끄는 말, 버려진 반려동물, 수의대에서 실험동물로 사육되던 개 등 온갖 동물을 구조했다.

그러던 어느 날, 글로리아는 침팬지에게 미국 수화*로 말하는 법을 세계 최초로 가르친 과학자 로저 포츠의 침팬지 보호구역을 방문하게 되었다. 그곳에서 동물실험으로 고통받는 영장류에 대하여 알게 된 뒤로 침팬지를 돕기로 마음먹는다.

침팬지 보호구역을 만들기로 한 두 사람은 우선 침팬지들의 집으로 사용할 커다란 공간을 마련했다. 그런 다음 그 공간을 두 개의 독립된 구역으로 나누었고, 두 구역에 각각 작은 실외 공간을 만들었다. 침팬지가 크

● 미국 수화American Sign Language는 기호와 몸짓, 표정으로 이루어진 인간 언어로, 침팬지와 그 밖의 유인원들에게 교육되었다.

고 정력적인 동물이어서 많은 자극이 필요하다는 사실을 알았기 때문이다. 파우나재단의 사람들은 침팬지들이 심심할 새가 없도록 환경을 조성하기 위해 애썼다. 상자, 자루, 천, 담요, 빗자루, 장난감, 호스, 모자, 공 등 우리가 놀잇감이라고 상상할 수 있는 거의 모든 것을 갖춰 준 것이다. 그러고 나서도 매번 새로운 놀잇감들을 들이기 위하여 기존에 있던 물건을 싹 버렸다.

시간이 흐르면서 침팬지 집은 점점 더 크고 복잡해졌고 실외 공간도 새롭게 마련되었다. 수풀이 우거진 독립 공간에 높은 밧줄과 사다리를 매달아 기어오를 수 있는 탑과 공중에 떠 있는 철길도 놓았다. 침팬지들에게 마음대로 돌아다닐 수 있는 넓은 공간과 하고 싶은 일을 선택할 수 있는 자유를 선사한 것이다.

● 침팬지들의 목소리를
   대변하다

파우나재단의 동물보호구역에는 영장류 실험의학연구소에서 온 침팬지 12마리 외에도 다른 곳에서 온 침팬지들이 있다. 퀘백 동물원에서 온 침팬지 한 마리, 또 다른 동물원에서 온 세 마리에게도 보금자리를 제공했다.

파우나는 더 이상 침팬지를 구조하지 않는다. 침팬지와 그외 외래 동물을 더 이상 구조하지 않는다는 내용으로 몬트리올 시와 합의했기 때문이다. 하지만 이미 들어와 있는 동물들은 상관없다. 그들에게 파우나재단의 동물보호구역은 여생을 보낼 수 있는 영구적인 보금자리다.

파우나재단은 프로젝트 R&R에도 동참하고 있다. 프로젝트 R&R는 뉴 잉글랜드 생체해부반대협회가 이끄는 '미국 실험실의 침팬지를 위한 해 방과 반환운동Release and Restitution for Chimpanzees in U.S. Laboratories'이다. 미국 에서 침팬지를 이용한 생체의학 연구와 실험을 종식시키고 침팬지들을 동물보호구역으로 은퇴시키는 것이 이 운동의 목적이다. 파우나재단의 글로리아는 프로젝트 R&R의 공동의장으로 미국과 캐나다 전역에 사는 침팬지들의 목소리를 대변하고 있다.

● 제인 구달의
침푸앙가 침팬지 보호구역

제인구달연구소Jane Goodall Institute의 침푸앙가 침팬지 보호구역 및 재활 센터Tchimpounga Chimpanzee Sanctuary and Rehabilitation는 150마리가 넘는 고아 침팬지들을 수용하고 있는 아프리카 최대의 침팬지 시설이다.

이곳에 사는 침팬지들은 대부분 야생동물 고기 밀매의 희생양이다. 아 프리카에는 침팬지를 비롯한 야생동물을 식용으로 사냥해서 잡아먹는 지역이 많다. 물론 불법이다. 사냥꾼들은 불법으로 사냥해서 어미는 도살 하여 고기로 팔고, 새끼들은 애완동물 시장에 내다 판다. 침팬지 가족이 인간의 돈벌이로 희생되는 것이다. 그런데 야생동물 고기 밀매업의 규모 가 커지다 보니 침팬지와 다른 많은 야생동물이 받는 위협 또한 점점 커 지고 있다.

하지만 침팬지는 멸종위기종이고 일반인이 침팬지를 소유하는 것은 불법이다. 관계 당국은 새끼 침팬지들을 압수하면 침푸앙가 같은 동물보

자연 상태의 넓고 안전한 공간과 다른 침팬지들과의 풍부한 사회적 접촉은 침푸앙가 침팬지 보호구역 및 재활센터에서 지내는 챔팬지들에게 양질의 삶을 보장한다.

호구역으로 보낸다.

  침푸앙가 보호구역은 침팬지에게 안전한 보금자리와 알맞은 생활 환경을 제공한다. 수풀이 우거지고 기어오를 수 있는 구조물이 설치되어 있는 복잡하고 넓은 공간, 영양이 풍부한 좋은 음식, 다른 침팬지들과의 풍부한 사회적 접촉 등은 침팬지들이 양질의 삶을 누릴 수 있게 해 준다.

  일부 침팬지는 야생에서 살아갈 제2의 기회를 얻기도 하지만, 방사하는 과정은 복잡하고 어려우며 방사 후에도 많은 어려움이 따른다. 인간에게 의존하는 삶을 살아온 어린 침팬지들은 대부분 야생에서 살아남을 수 없기 때문에 보호구역에서 살고 있는 침팬지들은 남은 삶을 이곳에서 보내게 된다.

제인구달연구소는 침팬지 보호구역을 운영하는 것과 더불어 침팬지 서식지를 보호하는 활동도 하고 있다. 무엇보다 중요하게 생각하는 것은 주민 교육이다. 야생동물 고기를 먹고 야생동물을 사고파는 지역 문화와 관습을 변화시키고, 아울러 지역 주민들의 삶도 향상시키는 프로그램을 운영하고 있다.

●전시동물, 실험동물, 애완동물로 살다가 구조되다

2011년, 멍키라는 이름의 세 살배기 개코원숭이가 미국 위스콘신 주 매디슨에 있는 한 건물의 지하 세탁실에서 발견되었다. 멍키는 송곳니가 제거된 채 버려져 있었다. 조사 결과 멍키는 애완동물로 길러지다가 버림받은 것이었다. '주인'이 누군지 알아냈지만 원숭이를 소유했던 날짜만큼 벌금을 내야 한다는 사실을 알고는 멍키를 포기해 버렸다. 덕분에 멍키는 텍사스 주에 있는 본프리 USABorn Free USA 영장류 보호구역으로 보내졌다.

본프리 USA 영장류 보호구역은 23만 평 규모의 열린 환경의 드넓은 보호구역으로, 처음에는 일본원숭이만 수용했지만, 최근에는 긴꼬리원숭잇과에 속하는 마카크, 개코원숭이, 버빗원숭이와 같은 다른 종도 수용한다. 구조되어 이곳으로 온 원숭이들은 모두 길거리 동물원이나 실험실에서

망토개코원숭이들이 본프리 USA 영장류 보호구역에서 서로 털을 골라 주고 있다.

고통받거나 개인 주택에서 애완동물로 길러지다가 버려진 원숭이들이다.

본프리 USA에서 동쪽으로 2,000킬로미터쯤 떨어진 사우스캐롤라이나 섬머빌의 국제영장류보호연맹International Primate Protection League 본부에는 구조된 긴팔원숭이 33마리가 산다. 긴팔원숭이는 유인원 가운데 가장 작은 종으로 동남아시아 출신이다. 길거리 동물원에서 버려졌거나 실험실에서 실험동물로 사용되거나 버려져서 오갈 데 없어진 애완동물이었던 긴팔원숭이들이 이곳에 모여 산다.

이곳 긴팔원숭이들은 여유로운 넓은 공간에 살면서 기어오를 수 있는 장치들을 맘껏 사용하는 등 풍부한 소일거리를 누린다. 게다가 좋은 음식과 안전까지 보장받은 덕분에 더러는 50살까지 살며 장수한다.

본프리 USA 영장류 보호구역에 사는 원숭이들은 대부분 길거리 동물원, 실험실, 애완동물로 살다가 버려진 후 구조되었다.

○ ○ ○ ○ ○ ○ ○ ○ ○ ○ ○

8장

날개를 활짝 펴고
맘껏 날 수 있는 곳,
조류 보호구역

© Rob Laidlaw

동물보호구역 ▶

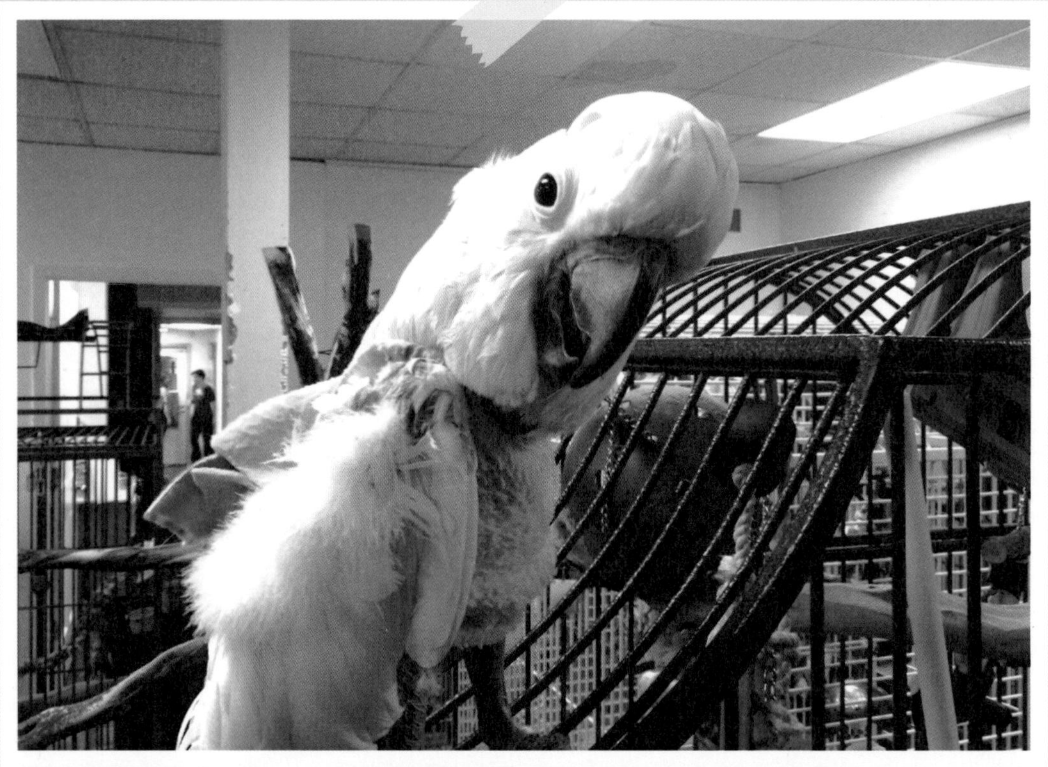

• 오갈 데 없는 새들의
마지막 착륙지, MAARS

앵무새가 내 신발에 홀딱 반한 모양이었다. 신발 위로 뛰어오르더니 신발끈을 당겼다. 내가 발걸음을 옮기자 계속 따라왔다. 그러고는 기어이 신발끈 하나를 풀고서 사정없이 잡아당겼다. 미네소타 주 쌍둥이 도시인 미니애폴리스와 세인트폴에 걸쳐 있는 MAARS, 즉 중서부 조류 입양과 구조 서비스Midwest Avian Adoption and Rescue Services 보호구역에서 만난 앵무새다.

MAARS가 화성(Mars)과 발음이 같기 때문에 직원들은 보호구역 건물을 착륙장이라고 부른다. 아마도 이곳이 학대받거나 오갈 데 없는 새들이 '착륙'할 수 있는 마지막 장소이기 때문일 것이다.

이곳에서 나는 100마리쯤 되는 앵무새들이 깍깍거리고 꽥꽥거리고 종알거리는 소리를 들을 수 있었다. 종류도 마코앵무, 유황앵무, 모란앵무, 왕관앵무, 로리앵무, 코뉴어앵무, 사랑앵무 등 셀 수 없이 많다.

© Rob Laidlaw

오로지 돈을 벌기 위하여 생산하고 판매하는 왜곡된 애완동물산업 현장에서 구조된 앵무새 100마리 이상이 현재 MAARS 보호구역에 거주하고 있다.

　　MAARS는 비뚤어진 애완동물산업으로 인해서 과잉생산되거나 살다가 버려진 조류를 구조하여 보호구역을 제공하는 독보적인 기관이다. MAARS는 보호구역으로 구조되어 온 새들을 보살피고 재활시키는 것만큼 교육을 중요하게 생각한다. 새에 대하여 잘 알지도 못하면서 새를 입양한 사람들에게 새를 제대로 돌보는 방법을 교육한다. 버려지는 새들을 줄이기 위하여 무엇보다 중요한 일이다. 또한 야생 앵무를 비롯하여 여러 종의 야생 조류를 보호하는 일도 하고 있다.

• 새는 새장에 갇힌 애완동물이 아니라
자유로이 날아다니는 야생동물이다

보호구역 관리자인 제이미 매카시는 사연이 있는 몇몇 새들을 소개해 주었다. 그녀에 따르면 새들이 이곳으로 오는 가장 큰 이유는 돌보던 사람이 더 이상 돌볼 수 없게 되었기 때문이다. 돌보던 사람이 파산해서 집을 잃거나 이민을 가거나 병이 들면 새는 대부분 버려진다. 물론 그냥 흥미가 떨어졌다는 이유로도 버려진다. 또 새가 생각보다 함께 살기 어렵다거나 생각보다 덩치가 커서 보살피기 힘들다거나 먹이고 키우는 데 돈이 너무 많이 든다는 등의 이유로도 버려진다.

새는 매혹적이고 예쁘고 사랑스럽고 재미있는 동물이지만, 집에서 가둬 놓고 키우기에는 많이 힘들 수 있다. 시간과 수고와 돈이 정말 많이 들기 때문이다. 새를 키우는 사람들은 상당수 새의 소음, 집 안을 지저분하게 만드는 불결함, 파괴적인 행동, 비용과 시간 투자 등의 문제 때문에 감당하기 무척 힘들어한다. 이런 어려움은 새를 키우기 전에 미리 알아야 하고 함께 살기로 했다면 감내해야 한다. 새는 원래 새장에 갇혀 지내는 애완용이 아니라 자유로이 날아다니는 야생동물이기 때문이다.

몰루칸유황앵무인 필리페의 사연이 바로 이런 문제를 적나라하게 보여 준다. 아름다운 연어살색을 자랑하는 인도네시아 종인 필리페는 상업적 목적으로 새를 생산하는 대형 농장에서 태어난 뒤 펫숍으로 팔려 나갔다. 펫숍에 진열되었다가 인간에게 팔려 간 필리페는 그 집에서 행복하지 못했다. 필리페를 산 사람은 많은 변화를 겪었다. 결혼을 하고, 아기를 낳고, 이사를 하면서 점점 필리페와 멀어져 갔다. 필리페와 시간을 보낼 여유가 점점 사라졌기 때문이다. 그러자 필리페는 매우 시끄럽고, 공

몰루칸유황앵무인 필리페는 자원봉사자들을 돕는 것을 좋아한다. 접시를 닦거나 세탁물을 개고 새들의 식사 준비 등을 거든다.

격적으로 변했으며, 공중에서 날아다니며 사람을 공격하기 시작했다. 말 그대로 앵그리 버드angry bird(유명 모바일 게임의 이름으로 화난 얼굴의 새가 등장한다)가 되었다. 그렇게 4년을 보내다가 필리페는 MAARS로 왔다.

MAARS에 도착하고 나서 필리페는 차츰 안정을 찾아갔고 온순하고 평온해졌다. 사람들에게 다가가서 살갑게 구는 즐거움을 알게 된 필리페는 자원봉사자와 방문객의 사랑을 듬뿍 받으며 지내고 있다.

보호구역에 있는 새들 중 일부는 심각하게 학대당했거나 방치되었던 경험이 있다. 신체적·정신적 손상을 심하게 입은 채로 보호구역에 온 새들은 정상적이고 건강한 상태로 회복되기가 쉽지 않아서 필리페처럼 새로 사는 즐거움을 전혀 느껴 보지 못하기도 한다.

1999년에 MAARS가 문을 연 뒤로 대략 1,500마리의 앵무새가 이곳으로 왔다. 그중 1,400마리 정도가 무사히 좋은 보금자리로 보내졌다. 새에 대한 사랑과 열정이 가득한 활동가들과 자원봉사자들의 도움 덕분이다.

"안타깝게도 좁고 더러운 새장에 갇혀 고통스럽게 살아가는 새들이 셀 수 없이 많아요. 깃털에 따스한 햇살이 와닿는 느낌을 한 번도 느껴 보지 못하고, 자유롭게 날아다니는 게 어떤 기분인지도 모르고, 사람이 건네는 애정 어린 목소리도 전혀 들어보지 못하고 사는 거죠. 그렇게 계속 살면 가슴은 외로움으로 멍들고 정신은 권태와 좌절감으로 가득 찹니다. 우리는 그런 새들을 돕고 싶은 거예요. 그게 MAARS가 하는 일이니까요. 그 새들을 전부 수용할 수는 없어도 사람들을 교육하면 새를 대하는 태도를 변화시킬 수는 있어요. 아직 갈 길이 멀지만 우리는 중요한 첫 발을 내디뎠답니다."

• 이동 중인 도심 속
맹금류를 구조하라!

중국 베이징은 철새들의 주요 이동경로다. 그래서 철새 이주 기간에는 수천 마리의 맹금류(독수리, 참매, 송골매, 쇠황조롱이, 올빼미, 솔개와 같은 포식 조류)가 지나간다. 그런데 그 기간에 어마어마한 수의 새가 포획된다. 애완동물로 팔고, 매사냥에 이용하고, 식용으로 쓰기 위하여 사람들은 철새든 도시에 사는 새든 상관없이 무차별적으로 불법 포획한다. 심지어 아기새를 둥지에서 빼내 오기도 한다.

포획 과정에서 도망치다가 방향 감각을 잃고 건물 안으로 날아들어 부상을 입는 새도 있다. 이렇듯 불법 포획 과정에서 구조되거나 압수된 운 좋은 새들은 국제동물복지기금의 베이징 맹금류 구조센터BRRC, Beijing Raptor Rescue Center로 보내진다. 이동하던 중에 굶주려서 쇠약해진 철새나

베이징 맹금류 구조센터에 들어온 맹금류는 충분한 휴식을 취하고 재활훈련을 받은 뒤에 야생으로 돌아간다.

병든 설치류 등을 먹어서 고통을 당하는 새도 이곳으로 보내진다.

베이징 맹금류 구조센터는 다친 맹금류를 구조하고, 치료하고, 재활시켜서 방사하기 위해 2001년에 설립된 시설이다. 센터에는 수의사의 치료를 받을 수 있는 의료센터가 있고, 실내 우리 14곳을 비롯하여 재활훈련을 할 수 있는 넓은 실외 우리도 여러 군데 있다.

센터는 베이징 한가운데에 있는 베이징 사범대학교 안에 자리 잡고 있는데 대도시에 위치해 있는데도 꽤 한적한 곳이어서 다친 새들을 조용하게 돌볼 수 있다. 센터에는 매년 약 350마리의 맹금류가 편하게 지내다가 야생으로 돌아간다. 재활에 성공해서 다시 날 수 있게 된 새들은 도시를 벗어난 곳의 산에 풀어 준다.

● 새장에 갇혀 살기에는 너무나 똑똑한 야생동물

사람들은 온갖 종류의 특이하고 이국적인 새들을 애완동물로 키운다. 새는 품종이 매우 다양하고, 각 품종 안에서도 다채로운 변종이 있는데 애완동물로 키우는 새들은 주로 두 종류로 분류된다. 관상용으로 키우는 참새목의 작은 조류나 구관조 등 찌르레깃과의 조류이거나 잉꼬, 코뉴어 앵무, 유황앵무, 마코앵무 같은 앵무이거나.

사람들은 종종 새도 애완동물이나 농장동물처럼 쉽게 길들일 수 있다고 여긴다. 모든 새는 야생동물이라는 사실을 모르는 것이다. 개, 고양이 같은 반려동물이나 농장동물은 수백, 수천, 수만 년 동안 사람과 어울려 살면서 적응하는 기간을 거쳤다. 하지만 새는 그렇지 않다는 걸 종종 잊는다. 새장에 갇혀 있는 새도 창문 밖에서 하늘을 나는 새와 다를 것이 없다. 갇혀 있는 새도 자유롭게 하늘을 비행하는 새와 똑같은 본능과 욕구, 욕망을 지닌 야생동물이다. 그래서 새를 가둬 놓고 기르기는 무척 어렵다.

새는 원래 날아다니고 먹이를 찾고 탐험하고 다른 새들과 어울리게끔, 포식자를 피하게끔 태어났다. 새장 안에서 살거나 횃대에 앉아 있으라고 태어난 게 아니다.

많은 새, 특히 앵무새는 무척 똑똑하다. 과학자들은 앵무새가 영장류와 돌고래, 코끼리와 맞먹게 똑똑하다고 말한다. 학습할 수 있고 문제를 해결하거나 의사결정을 내릴 수 있기 때문이다. 알렉스*라는 회색앵무는 단어를 무려 100개나 알았다. 그러니 새장과 집 안에 갇혀 사는 것이 새에게 얼마나 무료하고 갑갑한 일인지는 너무나 명확하다. 예쁘고 특이하고 사랑스럽다고 새를 반려동물로 키우는 일은 하지 않는 것이 좋다.

© Rob Laidlaw

● 이렌느 페퍼버그 교수는 하버드 대학교에서 앵무새의 지능에 관한 연구를 했다. 교수와 함께 연구에 참가한 회색앵무 알렉스는 100여 개의 단어를 배웠으며 배운 단어를 이용해 간단한 문장도 구사했다. 알렉스는 자신의 감정을 표현할 줄 알았고, 5세 정도의 지능을 지닌 것으로 알려졌다.

9장

차가운 피, 따뜻한 가슴,

거북이 보호구역

동물보호구역

© Rob Laidlaw

© Rob Laidlaw

미국거북이구조대에 있는 거북이들이 가장 좋아하는 맛난 성찬은 선인장이다.

• 거북이들이 달려와
만찬을 즐기는 곳

태평양 근처 건조한 산기슭 위에서 거북이 보호구역을 찾고 있었다. 저 아래 캘리포니아 말리부 해변으로 파도가 밀려와 부서지는 모습이 보였고, 도로 끝에서 누군가 정원 가위로 선인장 가지들을 잘라 자루에 담는 모습이 보였다. 그곳인 것 같았다.

거북이 보호구역을 운영하는 수잔이 선인장 자루를 뒷마당으로 가져가길래 따라갔다. 그녀가 자루 몇 개를 마당 한가운데로 옮긴 후 풀어놓자 놀라운 광경이 펼쳐졌다. 거대한 설가타육지거북 네 마리가 맛난 선인장을 먹으려고 달려오고 있었다. 글쎄, 나는 거북이가 실제로 달릴 수 있는지 어쩐지 모르니까 "달려왔다."는 표현이 조금 지나칠지 모르지만, 하여튼 꽤 빠르게 온 것만은 사실이다. 선인장을 맛있게 먹고 있는 거북이의 입 주위로 부스러기와 즙이 줄줄 흘러내렸다. 그들은 분명 만찬을 즐기는 중이었다.

미국거북이구조대는 125마리의 바다거북과 육지거북에게 보금자리를 제공하고 있다.

설가타육지거북인 탱크, 슬리피, 팝콘, 루이는 미국거북이구조대
American Tortoise Rescue에서 여생을 보낼 영구 거주민이다. 미국거북이구조
대는 수잔 텔렘과 남편 마셜 톰슨이 1990년에 조직한 단체다. 두 사람은
조그만 사막거북 새끼 두 마리를 키웠는데 거북이가 점잖고 저마다 자기
만의 성격을 지닌 독특한 동물임을 알게 된 후 이 단체를 시작하게 되었
다. 앞으로의 시간을 이 아름다운 동물을 돕는 데 쓰기로 한 것이다. 미
국거북이구조대가 최초로 구조한 육지거북은 이름이 벙클이었는데, 이
를 시작으로 식구가 쑥쑥 늘어났다. 구조한 거북이가 늘어나자 넓은 공

간이 필요해졌고 미국거북이구조대의 보호구역을 설립하기에 이르렀다.

거북이 보호구역이 생겼다는 소문이 퍼지자 전 세계에서 전화가 걸려왔다. 지금까지 3,000마리가 넘는 육지거북과 바다거북(4분의 3이 육지거북, 나머지가 바다거북)을 구조했고, 내가 방문했을 때에는 125마리가 있었다.

● 파충류는 본능에 따라서만 움직이는 기계가 아니다

구조된 거북이는 대다수가 애완동물로 생산된 동물들이었다. 해마다 수백만 마리의 거북이를 소비하는 파괴적인 애완동물산업의 희생양들이었다. 일부는 버려지거나 부상당한 상태로 구조되어 보호구역으로 왔고, 일부는 압수된 거북이를 맡아줄 곳을 물색하던 정부기관으로부터 왔다.

미국거북이구조대는 일반인을 대상으로 거북이를 제대로 먹이고 돌보는 방법을 교육한다. 또 라이브 마켓*live-market에서 이뤄지는 바다거북 도축을 근절시키는 일, 애완동물산업에 종사하는 야생동물 수집가로부터 거북이를 보호하는 일을 한다. 또한 오프로드 자동차로부터 사막거북을 보호하고, 사막거북의 서식지 파괴를 막는 일도 한다.

수잔은 보호구역에 사는 거북이 한 마리 한 마리의 성격을 모두 안다. 그리고 나는 그녀를 따라 보호구역을 돌아보면서 거북이들도 모두 그녀가 누구인지 안다는 사실을 금세 눈치 챘다. 거북이들은 그녀가 나타나

● 라이브 마켓은 살아 있는 동물을 즉석에서 도축해 신선한 고기를 제공하는 시장이다. 바다거북은 특히 힌두 축제와 같은 종교의식, 식용, 약재 등으로 널리 쓰인다.

© Marshall Thompson

수잔은 거북이들이 점잖고 자기만의 개성이 있는 동물임을 알게 된 후
미국거북이구조대를 설립했다.

면 그녀를 맞이하러 우루루 나왔
다. 그녀는 갈색거저리 애벌레인
밀웜이 담긴 통을 들고 다니면서
한 마리씩 던져 주었다.

"애들은 분명 나를 밀웜 아줌
마라고 부를 거예요. 내가 맛있
는 먹을거리를 가져다준다는 것
을 아니까요."

사람들은 파충류를 본능에 따
라서만 움직이는 기계적인 동물
이라고 생각하지만 수잔은 그렇
지 않다고 말한다. 파충류도 생
각을 하고 문제를 해결할 줄 알
며, 감정과 기분을 느끼고, 틀림
없이 재밌게 놀 줄도 안다는 걸
그녀는 안다.

거북이 보호구역은 단순한 환
경이지만 거주하는 모든 바다거북과 육지거북이 자연 속에서 어슬렁거
리고, 땅을 파고, 먹이를 찾고, 그늘진 곳에서 쉬거나 햇볕이 내리쬐는 따
스한 곳에서 늘어져 쉴 수 있는 충분한 공간을 제공하고 있다.

좁은 공간에 갇혀 고통당했던 콰지와 오드리

가정집 지하실에 있는 조그만 수조에서 3년 동안 살다가 구조된 작은 설가타육지거북 콰지는 이런 열악한 환경 때문에 몸에 기형이 생기고 성장이 멈췄다. 등딱지 기형은 애완용으로 길러지는 거북이에게 흔하게 나타나는 현상이다. 영양이 부족하고(대사성 골질환을 야기한다), 자연광을 잘 쬐지 못했을 때 이런 현상이 나타난다. 다행히 콰지를 돌보던 사람은 콰지의 상태가 매우 심각해서 자신이 돌볼 수 없다는 걸 알고 소유를 포기했다. 그렇게 콰지는 미국거북이구조대 보호구역으로 왔다.

콰지는 아래턱뼈가 없어서 보호구역으로 오고서도 20개월 동안 먹이를 손으로 먹여 줘야 했다. 뒷다리를 잘 쓰지 못해서 이동도 자유롭지 못했다. 그래도 콰지는 보호구역에 와서 5년 정도 꽤 잘 지냈다. 처음으로 좋은 음식을 먹고, 자연 속에서 어슬렁거리며 다니고, 햇볕도 쬐면서 자유롭게 살았다. 하지만 행복은 짧았다. 5년이 지나자 건강이 악화되어 떠나고 말았다. 생애 마지막 5년을 제대로 된 보살핌을 받으며 좋은 여건 속에서 살았으니 콰지는 운이 좋았다고 해야 할까? 거북이의 긴 수명을 생각하면 콰지가 살았던 8년은 너무 짧은 게 아닐까?

해마다 수백만 마리의 파충류가 애완동물 가게에서 팔려 나가고 있다. 판매업자들은 파충류가 돌보기 쉽다고 말하지만 사실과 거리가 멀어도 한참 먼 말이다. 파충류는 대부분 움직일 충분한 공간과 고유한 주거 환경이 갖춰져야 한다. 물론 환경이 아주 형편없더라도 일부 파충류는 오랫동안 살아남을 수 있다. 하지만 숨만 쉬고 살아남는 것은 정말로 '사는' 것과는 다르다.

© Rob Laidlaw

파충류는 움직일 공간과 고유한 주거 환경이 갖춰진 곳에서 살아야 한다.

바다거북 오드리도 그저 숨만 쉬며 살다가 살아남은 사례다. 오드리는 20년이 넘도록 작은 양동이 안에서 달걀 흰자위만 먹으며 지냈다. 그야 말로 죽지 않은 것이 기적이었다. 파충류 구조 활동을 하는 단체인 리틀 레스 큐Little Res Q의 구조대원 마크 올레트에게 오드리가 양도되었을 때 오드리는 헤엄도 잘 치지 못할 정도로 등딱지와 등뼈가 심각하게 변형 된 상태였다. 그런데 중요한 것은 오드리가 특별히 끔찍한 사례가 아니 라 일반적인 경우라는 점이다. 지금도 많은 파충류가 오드리보다 더 나 을 것 없는 환경에서 살아가고 있다.

10장

기름에 범벅이 되고,
낚싯줄에 목을 졸리다,
해양동물 보호구역

동물보호구역

© International Bird Rescue

• 기름에 젖은
해양생물

바닷새를 비롯한 해양생물은 야생에서 맞닥뜨리는 다양한 위협에 대처하도록 적응되었다. 이를테면 폭풍우, 먹이 수급의 변화, 포식자 등에 적응하는 것이다. 하지만 현재의 동물들은 이겨내기 어려운 위협에 자주 노출된다. 바로 자연적이지 않은, 인간이 야기한 위험이다.

눈에 잘 보이지 않는 낚싯줄에 얽히거나, 비닐봉지나 병뚜껑 같은 위험한 쓰레기를 먹거나, 화학물질로 오염된 물 속에서 살아가거나, 새로운 질병에 직면하거나 하는 일들이 모두 야생동물에게 해를 입힐 수 있는 심각한 위험이다. 그중에서도 흔한 위험은 기름이다. 기름에 흠뻑 젖은 바닷새와 동물의 모습은 전 세계 신문과 텔레비전 뉴스에 심심찮게 등장한다.

기름은 바닷새 깃털에 들러붙어 깃털을 뭉텅뭉텅 엉기게 만든다. 그러면 민감한 피부가 드러나고 깃털의 체온 조절 능력이 상실되어 바닷새는 금세 위험할 정도로 차가워지거나 지나치게 뜨거워질 수 있다. 또 바닷

새들이 흔히 하듯 자신의 몸을 스스로 정화하려고 몸을 핥다 보면 기름을 먹어 몸이 치명적으로 오염된다. 기름에 젖은 새들은 사람의 도움 없이는 야생에서 살아남을 수 없다.

● 국제새구조대
결성

1971년 1월, 대형 유조선 두 척이 캘리포니아 샌프란시스코에 있는 유명한 금문교Golden Gate Bridge 아래에서 충돌했다. 무려 3만 리터가 넘는 원유가 샌프란시스코 만으로 흘러들었다. 자원봉사자들이 일손을 보태려 모여들었고, 기름에 흠뻑 젖은 새를 7,000마리도 넘게 구조했다. 하지만 안타깝게도 당시에는 기름에 젖은 새를 어떻게 살려야 하는지에 대한 정보가 부족하여 겨우 300마리밖에 살리지 못했다.

당시 앨리스 버크너는 친구의 요청을 받고 현장으로 달려갔다. 기름 유출 문제로 신설된 동물구조센터 16곳 중 한 곳에서 도움을 요청한 것인데 현장으로 달려간 앨리스는 그곳에 펼쳐진 광경에 큰 충격을 받았다.

구조센터는 새들의 울음소리, 사람들의 고함 소리, 장비를 옮기는 소리로 귀청이 터질 것 같았다. 게다가 물고기에서 나는 비릿한 냄새, 새똥 냄새, 기름 냄새가 뒤섞여 만들어 내는 악취 또한 참을 수 없을 정도로 고약했다. 앨리스는 곧바로 두 팔을 걷어붙였다.

그러기를 몇 주. 앨리스와 동료들은 중대한 결정을 내렸다. 국제새구조연구센터International Bird Rescue Research Center를 세우기로 한 것이다. 그리고 샌프란시스코 기름유출사고로 피해를 입은 마지막 새가 떠나고 난 뒤

기름에 젖은 새는 독을 씻겨 내지 못하면 살아남지 못한다.

에도 조직을 그대로 유지했다. 조직의 이름은 국제새구조대International Bird Rescue로 정했다.

• 펠리컨이 죽어 가고 있다

1971년 샌프란시스코 기름유출사고가 처음 일어난 기름 유출 사고는 아니었다. 수많은 유조선이 캘리포니아 해안을 따라 100년 가까이 석유를 실어 나르고 있었고, 아예 해저에서 석유를 추출하기도 했다. 언제라도 또 사고가 일어날 위험이 있었다. 하지만 다행히 이제는 유출 사고가 발생했을 때 도움의 손길을 뻗어 줄 국제새구조대가 있다.

정식 인가를 받은 공식 구호단체가 된 1971년부터 국제새구조대는 기름 유출 사고에 대응하는 일뿐 아니라 기름에 젖은 동물들의 몸을 닦아

갈매기 한 마리가 펠리컨 한 쌍을 찾아왔다.

내고 재활시키는 과학적인 방법을 개발하는 일까지 하고 있다. 현재 국
제새구조대는 야생동물센터를 세 곳 운영 중이다. 캘리포니아에 두 곳,
알래스카 앵커리지에 한 곳이 있다.

　국제새구조대를 찾았을 때 새의 종류가 무척 다양해서 적잖이 놀랐다.
갈매기, 바다오리, 가마우지, 오리, 기러기, 왜가리도 있었다. 그중 제일
숫자가 많은 새는 단연코 덩치가 제일 큰 펠리컨이었다.

　제일 넓은 계류장에서는 펠리컨 수십 마리가 야생으로 돌아가기 위해
날개와 근육에 힘을 기르고 있었다. 최근 몇 년 동안 캘리포니아 해안에

서 갈색 펠리컨 수백 마리가 병이 들거나 죽어 나가, 그중 상당수가 국제 새구조대로 이송되었다.

이들이 죽어 가는 이유는 여전히 수수께끼다. 환경변화, 기후변화, 어류 남획으로 인한 먹이 부족, 새로운 질병, 신경독소인 도모산의 출현 등이 원인으로 지적되고 있는 상황이다. 도모산domoic acid은 해조류와 그 밖의 수중 생물들이 생산하는 천연 유독물질인데, 펠리컨을 비롯한 동물들에게는 독이 될 수 있다.

• 기름 범벅이 된 펭귄의 세계 최대 구조 작전

2000년 6월 23일, 엠브이 트레저MV Treasure 유조선이 남아프리카 해안에서 침몰했다. 세계에서 가장 큰 아프리칸펭귄 서식지 두 곳과 인접한 위치였다. 유조선에서 16만 리터가 넘는 석유가 바다로 쏟아져 나왔고, 그 결과 펭귄 수천 마리가 기름 범벅이 되었다. 아프리칸펭귄은 안 그래도 개체수가 줄어들던 상황이라 곧바로 조처를 취하지 않으면 종의 존폐에 심각한 결과를 초래할 수 있었다.

국제동물복지기금이 발 벗고 나섰다. 펭귄 구조와 재활을 도모하는 세계 최대 규모의 조직을 결성하기로 했고, 남아프리카해안조류보호기금 Southern African Foundation for the Conservation of Coastal Birds, 국제새구조연구센터 International Bird Rescue Research Center 등이 핵심 역할을 맡았다.

본토에 있는 오래된 기차 역사가 펭귄 수천 마리를 수용할 수 있는 구조센터로 신속하게 탈바꿈했고, 필요한 여러 시설이 세워졌다. 방수 능력

일부 펭귄은 유출 지역으로부터 수백 킬로미터 떨어진 바닷가에 방사되었다. 이들이 헤엄쳐 집으로 돌아갔을 때에는 석유가 말끔히 제거되어 있었다.

© Kim Elmslie

이 회복될 때까지 펭귄을 보호할 대형 실외 공간도 마련되었다. 가까운 남아프리카 공화국의 케이프타운을 비롯해 남아프리카 전역에서 자원봉사자들이 모여들었고 세계 각지에서도 날아왔다.

사고 이후 불과 열흘 만에 2만 마리가 넘는 펭귄이 이곳으로 들어왔다. 펭귄의 털에서 기름을 완전히 제거할 때까지 끊임없이 닦아 주어야 했다. 상당수의 펭귄은 스스로 털에서 기름을 닦아내려다 석유를 삼켰기 때문에 수의학적 치료도 받아야 했다. 그리고 먹이도 주고 우리도 청소해야 했다. 총 3개월 동안 벌인 어마어마한 사업이었다.

하지만 여기서 끝이 아니었다. 기름에 오염되지 않은 깨끗한 펭귄도 오염되지 않도록 일단 포획했다. 하지만 그들이 살던 곳이 이미 기름으로 뒤덮여 오염된 까닭에 그곳으로 돌려보낼 수는 없는 노릇이었다. 결국 펭귄을 원래 포획한 곳에서 수백 킬로미터 떨어진 곳으로 데려가 놓아 주어야 했다. 펭귄들이 원래 서식지를 찾아서 헤엄쳐 돌아오기까지는 시간이 꽤 걸렸고, 펭귄이 돌아왔을 때에는 다행히 그들이 살던 해변과 바위를 뒤덮었던 기름이 말끔히 제거되어 있었다.

이처럼 온갖 어려움에도 불구하고 이곳 펭귄의 90퍼센트 이상이 구조되었다. 세계 최대 규모의 펭귄 구조 사업이었다.

● 해양 포유류는 다양한 위험에 직면해 있다

포트 맥아더에 위치한 해양포유류병원Marine Mammal Care Center에는 캘리포니아의 차가운 바다에서 구조된 바다표범과 바다사자들이 있다. 다치거나 병이 들어서, 또는 어미를 잃어서 병원으로 오게 된 동물들이다. 동물들은 야생으로 돌아가기 전에 이곳에서 치료를 받는다.

바다표범, 바다사자, 코끼리물범 등 해양 포유류*는 다양한 위험에 직면해 있다. 질병이나 기생충, 영양 부족과 같이 자연적인 위협도 있고, 기름 유출과 선박 운행, 고기잡이 그물이나 플라스틱 쓰레기와 같이 인간이 야기한 위험도 있다. 구조되어 이곳으로 온 동물 중 상당수가 야생에서 살아남는 법을 아직 알지 못하는 작고 무력한, 어미 잃은 새끼들이다.

내가 이곳을 방문했을 때 본 바다표범은 목 주위에 깊은 흉터가 있었다. 낚싯줄에 목이 감겨 빠져나올 수 없었다고 했다. 줄은 점점 더 목을

● 해양 포유류Marine Mammal는 고래, 돌고래, 바다표범, 바다코끼리와 같이 바다에서 살도록 적응된 포유류를 말한다.

옥죄어 왔고, 숨을 어떻게 쉬었는지는 알 수 없지만 아무튼 어떻게든 숨은 쉬었던 모양이다. 결국 몸이 너무 쇠약해져서 맥없이 포획된 뒤에 병원으로 옮겨졌고, 낚싯줄은 제거되었지만 영원히 지워지지 않을 흉터가 생겼다. 다행히 이 바다표범은 건강을 회복하여 야생으로 돌아갔다.

　해양포유류병원에는 독립된 옥외 수영장이 여러 곳 있고, 수영장마다 물 밖에서 쉴 수 있는 마른 구역도 갖춰져 있다. 동물들이 기력을 회복하는 동안 헤엄치고 일광욕을 즐기거나 그냥 늘어져 쉬기에 좋은 환경을 갖춰 놓았다. 또한 좋은 음식과 훌륭한 치료 덕분에 이곳에 들어온 동물들은 바다로 돌아갈 즈음에는 야생에서 생존하는 데 지장이 없을 정도로 건강과 체력을 되찾는다.

11장

동물보호구역이
보호구역이 아닐 때

© Jane Goodall Institute / Fernando Tumok

동물보호구역

• 동물을 학대하는
이름뿐인 동물구조단체

2002년, 캘리포니아 콜턴에 있는 동물보호구역 호랑이구조대Tiger Rescue는 동물학대 혐의로 호랑이 10마리를 압수당했다. 호랑이구조대는 동물원과 오락산업에서 혹사당하는 호랑이를 구조한다고 자처하던 동물구조단체였다. 어떻게 이런 일이 있을 수 있을까? 호랑이구조대 운영자인 존 바인하트는 전에도 위법 행위로 몇 번 기소된 적이 있었다. 하지만 별다른 조치 없이 풀려나 항의가 계속되었다. 이에 관리당국은 2003년 4월에 불시에 단속을 실시했고, 단속을 벌였던 조사관들은 자신들이 목격한 광경에 입을 다물지 못했다.

호랑이를 비롯한 대형 고양잇과 동물들이 아주 더럽고 몸을 움직일 수조차 없는 삭막한 우리 안에 갇혀 있었다. 동물들은 모두 비쩍 마르고 병에 걸린 채로 물이나 먹이도 공급받지 못하는 상태였다. 게다가 엉터리로 지어진 우리는 언제라도 동물들이 뛰쳐나갈 수 있을 만큼 허술해 위험천만했다. 곳곳에는 다 자란 호랑이의 사체 30구가 부패 정도도 제각 각인 채로 여기저기 흩어져 있었다. 대형 냉동고에서는 새끼 호랑이 사체 58구도 발견되었다.

곧 전문가들이 찾아와 호랑이구조대 안에 있던 동물들에 대한 조치를 취했다. 동물들이 먹이와 물을 올바로 제공받을 수 있도록 조치했고, 병들거나 부상당한 동물들은 합당한 수의학적 치료를 받을 수 있도록 했다. 미국 농무부와 캘리포니아 야생동물 담당 관청이 관리를 맡았다.

그리고 호랑이들을 동물보호구역과 기타 시설로 이송하는 작업이 시작되었다. 모든 호랑이는 적절한 보금자리와 보살핌을 제공하고 방치와 학대를 받지 않는 시설로 자리를 옮기게 되었다.

호랑이구조대의 대표인 존 바인하트는 동물학대에 관한 10여 개의 죄목으로 기소되었다. 2005년 2월에 동물학대로 유죄 판결을 받았고, 7월에 징역 2년에 집행유예 5년을 선고받았다.

호랑이구조대는 스스로 동물구조단체이며 동물보호구역을 운영한다고 주장했지만 실제는 전혀 달랐다. 오히려 동물들의 기본적인 욕구조차 채워 주지 못한 엉터리 시설이었다.

● 동물을 이용해서
  돈을 벌다

여러 해에 걸쳐 나는 보호구역이라고 자처하지만 형편없이 운영되고 있는 시설을 많이 보았다. 그런 곳들은 이름만 보호구역일 뿐이다. 보호구역이 해야 하는 일을 전혀 하지 않기 때문이다. 안타깝게도 그런 곳들이 보호구역이라는 이름을 쓸 수 없도록 막을 법 조항이 없다. 법 개정이 시급한 이유다.

처음으로 접한 가짜 동물보호구역은 내 고향인 캐나다 토론토에서였다. 어릴 때 동물들을 보러 갔다가 끔찍한 기분으로 돌아왔던 기억이 있다. 기니피그부터 대형 고양잇과 동물에 이르기까지 모든 동물이 보호구역 안에 자리 잡은 조그만 창고 안에 처박혀 있었다. 제일 큰 우리라고 해봤자 개집 정도였다. 운영자는 그곳의 동물들이 처참한 여건에서 구조되었으며 자기가 최선을 다해 돌보고 있다고 말했다. 사람들은 대부분 그의 말을 믿었고, 나도 그랬다.

시간이 흐른 후 운영자가 했던 말들이 모두 거짓이었고, 동물들을 더나은 장소로 옮기려는 노력도 사실상 하지 않았음이 밝혀졌다. 더구나 퓨마 등 그곳의 일부 동물을 광고나 TV 프로그램에 출연시켜 돈을 벌기도 했다. 무려 20년 동안이나 그 시설은 보호구역입네 했지만, 사실은 아니었다.

이 가짜 보호구역을 폐쇄시키는 데 동물보호단체인 주체크의 활동이 큰 역할을 했다. 지방정부는 보호구역 측에 이주를 명령했고, 그들은 다른 지역으로 가서 자리를 잡았다가 또 다른 지역으로, 다시 또 다른 지역으로 계속 옮겨 다녀야 했다. 그럴 때마다 주체크는 이곳을 영구적으로 폐쇄시키기 위해 끈질기게 쫓아다니면서 지역관리들과 힘을 모았다. 결국 주체크가 이겼고, 가짜 동물보호구역은 문을 닫았다.

• 세계동물보호구역연합

질 나쁜 동물원이나 시설도 동물보호구역이라는 이름을 붙일 수 있는 까닭에 일반인이 어디가 적법하고 어디가 그렇지 않은지 구별하기는 쉽지 않다. 이것을 판단하는 최선의 방법은 그곳이 전문적인 보호구역연합의 승인을 받은 회원 단체인지 확인하는 것이다. 만일 회원 단체라면 그곳의 운영자들이 진짜 보호구역의 원리를 준수하고 있고 감사 대상이며 협회가 제시하는 최소한의 기준을 충족하거나 뛰어넘는다는 뜻이다.

보호구역연합은 전 세계에 걸쳐 많이 조직되어 있다. 그중 하나인 세계동물보호구역연합GFAS, Global Federation of Animal Sanctuaries도 전 세계 동물보호구역을 아우르기 위해 회원 단체를 늘려 나가는 중이다.

2007년, 미국의 동물보호단체 대표들이 세계동물보호구역연합을 결성하기 위해 한 자리에 모였다. 미국에는 이미 다른 연합체가 있었지만 보편적으로 인정받는 기구로서 보호구역을 승인해 주는 조직은 없었고, 전세계 보호구역을 대변하는 곳도 없었다. 세계동물보호구역연합은 바로 그런 조직이 될 터였다.

세계동물보호구역연합에 따르면, 당시 국제적인 보호구역 연합이 필요했음이 분명했다. 애완용 야생동물산업의 규모가 어마어마한데도 규제가 상대적으로 잘 안 되어 있다는 점, 안식처가 필요한 농장동물과 연구용 동물의 수가 날로 늘어간다는 점, 가짜 보호구역이 진짜 보호구역의 이름에 먹칠을 하고 있다는 점, 전문적인 운영기준이 절실하다는 점 등은 이들이 꼽은 수많은 이유 중 몇 가지에 불과하다.

세계동물보호구역연합의 최종 목표는 보호구역 운영과 동물에 대한 인도적인 보살핌을 우수한 수준으로 끌어올리는 데 있다. 이를 실현하기

동물에 대한 인도적인 보살핌이 세계동물보호구역연합의 핵심 목표다.

GLOBAL
FEDERATION
OF ANIMAL SANCTUARIES

위한 구체적인 방법은 다음과 같다.

국제적인 승인. 개별 보호구역이 일정한 기준을 충족하는지 점검하고 자격을 부여한다.

협업. 각 보호구역이 동물을 위해 함께 일할 수 있도록 서로 돕는다.

멘토링. 보호구역을 운영하는 최선의 실행 방식을 교육하고 공유한다.

자원 제공. 보호구역에 자원을 제공한다.

근본 원인 해결. 동물이 서식지에서 내쫓기는 현실의 근본 원인을 해결하기 위해 노력한다.

내가 이 책을 쓰는 현재 북아메리카, 중앙아메리카, 유럽, 아프리카 등의 보호구역이 세계동물보호구역연합의 회원이다.

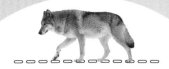

12장

동물보호구역이
갖춰야 할 것

동물보호구역

© Rob Laidlaw

동물보호구역에서 동물들이 머무는 공간은 자연적인 동물 무리를 수용할 수 있을 정도로 넓어야 한다.

동물보호구역을 시작하는 일이 어려움에 처한 동물을 위해 고작 우리 몇 개를 설치하고, 들판에 울타리 몇 개를 쳐 놓으면 되는 것처럼 간단하다면 참 좋겠지만, 실상은 그렇게 단순하지가 않다. 고려해야 할 사항들이 수두룩하다. 동물보호구역이나 동물구조센터를 운영할 때 기본적으로 고려해야 하는 목록은 다음과 같다.

누가 감독하고 책임질 것인가?

동물보호구역과 동물구조센터는 한 사람 또는 소수의 인원이 모여서 시작하는 경우가 많다. 처음에는 좋은 의도로 시작할지 모르지만 시간이 지나면 생각했던 것보다 일이 훨씬 많다는 사실을 깨닫게 될 것이다. 따라서 모든 동물보호구역과 동물구조센터는 합당한 관리 구조를 갖춰야 한다. 이를테면 위원회나 이사회 같은 조직을 두어서 운영과 동물에 대한 책임을 누가 어떻게 나눌지 정해야 한다. 또한 동물보호구역이나 동물구조센터의 원칙, 절차, 미래의 계획을 세우는 일도 함께해야 한다.

동물을 먹이고 돌보는 비용은 어디서 구할 것인가?

모든 일에는 비용이 든다. 이 부분이 많은 동물보호구역과 동물구조센터가 곤경에 처하는 부분이다. 동물을 구조해서 데려오기는 쉽지만 동물보호구역은 동물이 죽을 때까지 보살펴야 하는데, 그러려면 비용이 많이든다. 심지어 동물을 야생으로 돌려보내는 동물구조센터조차 길고 느리고 값 비싼 회복 과정을 거쳐야 하는 동물을 맡기도 한다. 따라서 동물보호구역은 재무 계획을 세우고 꼼꼼하게 기록해야 하며, 미래에도 반드시기금을 모금할 수 있어야 한다. 모든 동물보호구역과 동물구조센터는 적어도 석 달 치 운영 자금을 은행에 비축해 두는 것이 이상적이다.

누가 일할 것인가?

동물보호구역이나 동물구조센터를 운영하려면 인력이 필요하다. 규모가 작다면 몇 명만 있으면 될 테지만 대형 시설은 일손이 수십 명에서 수백 명까지 필요하다. 또한 모든 구성원이 저마다 맡은 역할에 대해 적합하도록 훈련받아야 하며 비상조치에도 능숙해야 한다. 잠재적으로 위험한 동물이 포함된 경우에는 특히 더 그렇다.

동물의 주거 시설과 돌봄에는 어떤 기준을 적용할 것인가?

동물보호구역과 동물구조센터는 동물들을 위한 시설이기 때문에 동물의 신체적·정신적·사회적 욕구를 충족시키는 데 모든 노력을 집중하는것이 중요하다. 때문에 동물들이 머무는 공간을 잘 설계해야 한다. 넓은공간에 설비를 잘 갖춰서 동물들이 선택권을 가지고 정상적인 운동과 활동에 참여할 수 있어야 한다는 뜻이다.

이 공간에서 동물들은 어떤 것에 흥미를 느끼고, 어떻게 욕구를 충족할까?

　반면 동물을 한시적으로 보호하는 동물구조센터는 사정이 조금 다르다. 동물보호구역과 같은 환경을 제공하지는 않아도 되지만 동물의 욕구를 세심하게 고려해야 한다는 점에서는 다르지 않다. 특히 다치거나 병이 들었다가 회복 중인 동물의 경우에는 각별히 주의해야 한다.

공간을 어떻게 설계할 것인가?

　동물들은 습성이 다 다르기 때문에 동물들이 머물 공간은 이 점을 염두에 두고 설계해야 한다. 가령, 숲에서 사는 동물은 사막에 사는 동물이나 바위투성이인 해안가에 사는 동물과는 다른 공간이 필요하다. 동물보호구역에서 보호할 동물이 정해졌다면 그들이 야생에서 어떻게 사는지 연구해야 한다. 그것이 동물보호구역 주거 환경이 어떠해야 할지, 기후

환경이 어떠해야 할지, 공간은 얼마나 필요한지 등을 가늠해 볼 수 있는 실마리가 될 것이다. 무엇보다 각각의 종이 어떻게 살아가고 무엇을 필요로 하는지 이해하고, 동물들이 그 공간에서 탈출하지 못하도록 설계하는 것도 중요하다.

© Rob Laidlaw

동물구조센터 운영자들은 동물을 야생으로 돌려보내기 전에 그 동물이 신체적으로 건강하며 생존할 준비가 되어 있는지 먼저 확인해야 한다.

보안을 어떻게 할 것인가?

동물을 탈출하지 못하게 하고, 무단 침입자가 안으로 들어가지 못하게 막는 것은 중요한 문제다. 종합적인 보안 계획으로는 보안경보 시스템과 심야 조명 설치하기, 울타리 매일 점검하기, 부상이나 동물 이탈 상황에 대비한 비상계획 수립하기, 동물보호구역 주변에 울타리 설치하기 등이 있다. 또는 아예 동물보호구역 안에 사람이 사는 것도 한 방법이다.

야생으로 돌아갈 준비가 된 동물은 어떻게 알 수 있나?

동물구조센터가 돌보던 동물들을 야생으로 돌려보낼 때 어느 동물이 준비가 되었는지 어떻게 알 수 있을까? 방사에 적합한 몸 상태가 되었는지 확인하려면 전문성을 갖춘 직원과 수의사가 동물들을 한 마리씩 세심하게 점검해야 한다. 또 각각의 동물은 몸 건강만이 아니라 생존에 필요한 기술도 갖추고 있어야 한다. 이 생존 기술은 특히 어미와 오랫동안 떨어져 살았던 어린 동물을 점검할 때 주의 깊게 살펴야 하는 사항이다. 준비가 된 동물은 원래 살던 땅에 풀어 주어도 되지만 그곳이 안전하지 않다면 또 다른, 더 적합한 지역으로 옮겨 주어도 괜찮다.

전기 철조망으로 된 울타리는 사람과 동물 모두에게 안전해야 한다.

13장

동물보호구역과
동물구조센터를 돕는 방법

모든 사람이 동물보호구역이나 동물구조센터를 시작할 만한 시간과 여력, 자원이 있는 것은 아니다. 그렇다면 동물보호구역과 동물구조센터는 일반인과 동떨어진 단체인가. 그렇지 않다. 이런 곳들을 도울 방법은 아주 많다. 동물보호구역과 동물구조센터를 돕는 일은 그곳의 동물을 도울 뿐만 아니라 현재 전 세계 동물이 직면하고 있는 많은 문제와 어려움을 해결하는 데도 한몫하는 것이다.

동물들을 위해 목소리를 낸다. 동물들에게 올바른 주거 시설이나 돌봄을 제공하지 않는 보호구역이나 구조센터를 방문했거나 알게 되었다면 동물보호단체나 적합한 정부기구에 제보한다.

소문을 낸다. 주변 사람들에게 동물들이 왜 보호구역과 구조센터로 가게 되는지에 대해 알린다. 공감하는 사람들과 함께 문제 해결에 동참할 수 있다.

동물보호 웹 사이트, SNS, 블로그를 운영한다. 사람들에게 동물보호구역과 동물구조센터에 대해 적극적으로 알릴 수 있다. 동물을 위해 애쓰는 곳을 소개하고, 그런 곳을 어떻게 돕는지 설명한다. 항의 전화를 하고, 이메일을 보내는 방법 등 동참할 수 있는 구체적인 방법도 알린다.

후원한다. 마음에 드는 보호구역이나 구조센터에 후원금을 보낸다. 적은 액수라도 도움이 된다. 주변 사람들에게 권유하면 더 좋다.

모금 활동을 한다. 많은 보호구역과 구조센터가 겪는 어려움 중 하나가 바로 기금 모금이다. 자신이 소속된 곳에서 모금 행사를 한다.

회원이 된다. 보호구역과 구조센터 중에 회원 프로그램을 운영하는 곳이 많다. 마음에 드는 보호구역을 찾아 회원으로 가입한다.

방문한다. 버려지고 학대받거나 은퇴한 동물을 돌보는 인가받은 보호구역을 방문한다. 일반인에게 공개하지 않는 보호구역도 있으므로 먼저 알아보고 방문한다. 사전조사를 통해 가짜 보호구역이 아님을 확인한다.

자원봉사자가 된다. 자원봉사자가 필요한 보호구역과 구조센터가 많다. 보호구역을 찾아가서 도움의 손길을 내민다.

책공장더불어의 책

동물원 동물은 행복할까?
(환경부 선정 우수환경도서, 학교도서관저널 추천도서)
동물원 북극곰은 야생에서 필요한 공간보다 100만 배, 코끼리는 1,000배 작은 공간에 갇혀 살고 있다. 야생동물보호운동 활동가인 저자가 기록한 동물원에 갇힌 야생동물의 참혹한 삶.

동물 쇼의 웃음 쇼 동물의 눈물 (한국출판문화산업진흥원 청소년 권장도서, 한국출판문화산업 진흥원 청소년 북토큰 도서)
동물 서커스와 전시, TV와 영화 속 동물 연기자, 투우, 투견, 경마 등 동물을 이용해서 돈을 버는 오락산업 속 고통받는 동물들의 숨겨진 진실을 밝힌다.

동물복지 수의사의 동물 따라 세계 여행
(한국출판문화산업진흥원 중소출판사 우수콘텐츠 제작지원 선정, 학교도서관저널 추천도서)
동물원에서 일하던 수의사가 동물원을 나와 세계 19개국 178곳의 동물원, 동물보호구역을 다니며 동물원의 존재 이유에 대해 묻는다. 동물에게 윤리적인 여행이란 어떤 것일까?

숲에서 태어나 길 위에 서다
(환경부 환경도서 출판 지원사업 선정)
한 해에 로드킬로 죽는 야생동물은 200만 마리다. 인간과 야생동물이 공존할 수 있는 방법을 찾는 현장 과학자의 야생동물 로드킬에 대한 기록.

동물을 위해 책을 읽습니다
(국립중앙도서관 사서 추천 도서, 한국출판문화산업진흥원 중소출판사 우수콘텐츠 제작지원 사업 선정)
우리는 동물이 인간을 위해 사용되기 위해서만 존재하는 것처럼 살고 있다. 우리는 우리가 사랑하고, 함께 입고 먹고 즐기는 동물과 어떤 관계를 맺어야 할까? 100여 편의 책 속에서 길을 찾는다.

동물을 만나고 좋은 사람이 되었다
(한국출판문화산업진흥원 출판 콘텐츠 창작자금지원 선정)
개, 고양이와 살게 되면서 반려인은 동물의 눈으로, 약자의 눈으로 세상을 보는 법을 배운다. 동물을 통해서 알게 된 세상 덕분에 조금 불편해졌지만 더 좋은 사람이 되어 가는 개·고양이에 포섭된 인간의 성장기.

동물에 대한 예의가 필요해
일러스트레이터인 저자가 지금 동물들이 어떤 고통을 받고 있는지, 우리는 그들과 어떤 관계를 맺어야 하는지 그림을 통해 이야기한다. 냅킨에 쓱쓱 그린 그림을 통해 동물들의 목소리를 들을 수 있다.

인간과 동물, 유대와 배신의 탄생
(환경부 선정 우수환경도서)
미국 최대의 동물보호단체 휴메인소사이어티 대표가 쓴 21세기 동물해방의 새로운 지침서. 농장동물, 산업화된 반려동물 산업, 실험동물, 야생동물 복원에 대한 허위 등 현대의 모든 동물학대에 대해 다루고 있다.

고등학생의 국내 동물원 평가 보고서
(환경부 선정 우수환경도서)
인간이 만든 '도시의 야생동물 서식지' 동물원에서는 무슨 일이 일어나고 있나? 국내 9개 주요 동물원이 종보전, 동물복지 등 현대 동물원의 역할을 제대로 하고 있는지 평가했다.

야생동물병원 24시 (어린이도서연구회에서 뽑은 어린이·청소년 책, 한국출판문화산업진흥원 청소년 북토큰 도서)
로드킬 당한 삶, 밀렵꾼의 총에 맞은 독수리, 건강을 되찾아 자연으로 돌아가는 너구리 등 대한민국 야생동물이 사람과 부대끼며 살아가는 슬프고도 아름다운 이야기.

사향고양이의 눈물을 마시다
(한국출판문화산업진흥원 우수출판 콘텐츠 제작지원 선정, 환경부 선정 우수환경도서, 학교도서관저널 추천도서, 국립중앙도서관 사서가 추천하는 휴가철에 읽기 좋은 책, 환경정의 올해의 환경책)
내가 마신 커피 때문에 인도네시아 사향고양이가 고통받는다고? 나의 선택이 세계 동물에게 미치는 영향, 동물을 죽이는 것이 아니라 살리는 선택에 대해 알아본다.

동물학대의 사회학 (학교도서관저널 올해의 책)
동물학대와 인간폭력 사이의 관계를 설명한다. 페미니즘 이론 등 여러 이론적 관점을 소개하면서 앞으로 동물학대 연구가 나아갈 방향을 제시한다.

동물주의 선언 (환경부 선정 우수환경도서)
현재 가장 영향력 있는 정치철학자가 쓴 인간과 동물이 공존하는 사회로 가기 위한 철학적·실천적 지침서.

묻다 (환경부 선정 우수환경도서)
구제역, 조류독감으로 거의 매년 동물의 살처분이 이뤄진다. 저자는 매몰지 100여 곳을 찾아다니며 기록했다. 우리는 동물을 죽일 권한이 있는가.

대단한 돼지 에스더
(환경부 선정 우수환경도서, 학교도서관저널 추천도서)
인간과 동물 사이의 사랑이 얼마나 많은 것을 변화시킬 수 있는지 알려주는 놀라운 이야기. 300킬로그램의 돼지 덕분에 파티를 좋아하던 두 남자가 채식을 하고, 동물보호 활동가가 되는 놀랍고도 행복한 이야기.

채식하는 사자 리틀타이크
(아침독서 추천도서, 교육방송 EBS 〈지식채널e〉 방영)
육식동물인 사자 리틀타이크는 평생 피 냄새와 고기를 거부하고 채식 사자로 살며 개, 고양이, 양 등과 평화롭게 살았다. 종의 본능을 거부한 채식 사자의 9년간의 아름다운 삶의 기록.

동물은 전쟁에 어떻게 사용되나?
전쟁은 인간만의 고통일까? 자살폭탄 테러범이 된 개 등 고대부터 현대 최첨단 무기까지, 우리가 몰랐던 동물 착취의 역사.

동물들의 인간 심판 (대한출판문화협회 올해의 청소년 교양도서, 세종도서 교양 부문, 환경정의 청소년 환경책, 아침독서 청소년 추천도서, 학교도서관저널 추천도서)
동물을 학대하고, 학살하는 범죄를 저지른 인간이 동물 법정에 선다. 고양이, 돼지, 소 등은 인간의 범죄를 증언하고 개는 인간을 변호한다. 이 기묘한 재판의 결과는?

실험 쥐 구름과 별
동물실험 후 안락사 직전의 실험 쥐 20마리가 구조되었다. 일반인에게 입양된 후 평범하고 행복한 시간을 보낸 그들의 삶을 기록했다.

물범 사냥
북극해에서의 물범 사냥이라는 배경을 통해 동물학대와 물범사냥, 여성문제와 가부장제 사회에서의 권력관계에 대해 다룬 노르웨이 소설.

똥으로 종이를 만드는 코끼리 아저씨
(환경부 선정 우수환경 도서, 한국출판문화산업진흥원 청소년 권장도서, 서울시교육청 어린이도서관 여름방학 권장도서, 한국출판문화산업진흥원 청소년 북토큰 도서)
코끼리 똥으로 만든 재생종이 책. 코끼리 똥으로 종이와 책을 만들면서 사람과 코끼리가 평화롭게 살게 된 이야기를 코끼리 똥 종이에 그려냈다.

고양이 질병에 관한 모든 것
40년간 3번의 개정판을 낸 고양이 질병 책의 바이블. 고양이가 건강할 때, 이상 증상을 보일 때, 아플 때 등 모든 순간에 곁에 두고 봐야 할 책이다. 질병의 예방과 관리, 증상과 징후, 치료법에 대한 모든 해답을 완벽하게 찾을 수 있다.

우리 아이가 아파요! 개·고양이 필수 건강 백과
새로운 예방접종 스케줄부터 우리나라 사정에 맞는 나이대별 흔한 질병의 증상·예방·치료·관리법, 나이 든 개, 고양이 돌보기까지 반려동물을 건강하게 키울 수 있는 필수 건강백서.

개·고양이 자연주의 육아백과
세계적인 홀리스틱 수의사 피케른의 개와 고양이를 위한 자연주의 육아백과. 40만 부 이상 팔린 베스트셀러로 반려인, 수의사의 필독서. 최상의 식단, 올바른 생활습관, 암, 신장염, 피부병 등 각종 병에 대한 대처법도 자세히 수록되어 있다.

개 피부병의 모든 것
홀리스틱 수의사인 저자는 상업사료의 열악한 영양과 과도한 약물사용을 피부병 증가의 원인으로 꼽는다. 제대로 된 피부병 예방법과 치료법을 제시한다.

개, 고양이 사료의 진실
미국에서 스테디셀러를 기록하고 있는 책으로 반려동물 사료에 대한 알려지지 않은 진실을 폭로한다. 2007년도 멜라민 사료 파동 취재까지 포함된 최신판이다.

순종 개, 품종 고양이가 좋아요?
사람들은 예쁘고 귀여운 외모의 품종 개, 고양이를 좋아하지만 많은 품종 동물이 질병에 시달리다가 일찍 죽는다. 동물복지 수의사가 반려동물과 함께 건강하게 사는 법을 알려준다.

동물과 이야기하는 여자
SBS 〈TV 동물농장〉에 출연해 화제가 되었던 애니멀 커뮤니케이터 리디아 히비가 20년간 동물들과 나눈 감동의 이야기. 병으로 고통받는 개, 안락사를 원하는 고양이 등과 대화를 통해 문제를 해결한다.

개.똥.승. (세종도서 문학 부문)
어린이집의 교사이면서 백구 세 마리와 사는 스님이 지구에서 다른 생명체와 더불어 좋은 삶을 사는 방법, 모든 생명이 똑같이 소중하다는 진리를 유쾌하게 들려준다.

노견 만세
퓰리처상을 수상한 글 작가와 사진 작가의 사진 에세이. 저마다 생애 최고의 마지막 나날을 보내는 노견들에게 보내는 찬사.

강아지 천국
반려견과 이별한 이들을 위한 그림책. 들판을 뛰놀다가 맛있는 것을 먹고 잠들 수 있는 곳에서 행복하게 지내다가 천국의 문 앞에서 사람 가족이 오기를 기다리는 무지개다리 너머 반려견의 이야기.

펫로스 반려동물의 죽음 (아마존닷컴 올해의 책)
동물 호스피스 활동가 리타 레이놀즈가 들려주는 반려동물의 죽음과 무지개다리 너머의 이야기. 펫로스(pet loss)란 반려동물을 잃은 반려인의 깊은 슬픔을 말한다.

암 전문 수의사는 어떻게 암을 이겼나
암에 걸린 암 수술 전문 수의사가 동물 환자들을 통해 배운 질병과 삶의 기쁨에 관한 이야기가 유쾌하고 따뜻하게 펼쳐진다.

버려진 개들의 언덕 (학교도서관저널 추천 도서)
인간에 의해 버려져서 동네 언덕에서 살게 된 개들의 이야기. 새끼를 낳아 키우고, 사람들에게 학대를 당하고, 유기견 추격대에 쫓기면서도 치열하게 살아가는 생명들의 2년간의 관찰기.

개, 고양이 사료의 진실
미국에서 스테디셀러를 기록하고 있는 책으로 반려동물 사료에 대한 알려지지 않은 진실을 폭로한다. 2007년도 멜라민 사료 파동 취재까지 포함된 최신판이다.

개가 행복해지는 긍정교육
개의 심리와 행동학을 바탕으로 한 긍정교육법으로 50만 부 이상 판매된 반려인의 필독서. 짖기, 물기, 대소변 가리기, 분리불안 등의 문제를 평화롭게 해결한다.

개 피부병의 모든 것
홀리스틱 수의사인 저자는 상업사료의 열악한 영양과 과도한 약물사용을 피부병 증가의 원인으로 꼽는다. 제대로 된 피부병 예방법과 치료법을 제시한다.

우리 아이가 아파요! 개·고양이 필수 건강 백과
새로운 예방접종 스케줄부터 우리나라 사정에 맞는 나이대별 흔한 질병의 증상·예방·치료·관리법, 나이 든 개, 고양이 돌보기까지 반려동물을 건강하게 키울 수 있는 필수 건강백서.

개·고양이 자연주의 육아백과
세계적인 홀리스틱 수의사 피케른의 개와 고양이를 위한 자연주의 육아백과. 40만 부 이상 팔린 베스트셀러로 반려인, 수의사의 필독서. 최상의 식단, 올바른 생활습관, 암, 신장염, 피부병 등 각종 병에 대한 대처법도 자세히 수록되어 있다.

임신하면 왜 개, 고양이를 버릴까?
임신, 출산으로 반려동물을 버리는 나라는 한국이 유일하다. 세대 간 문화충돌, 무책임한 언론 등 임신, 육아로 반려동물을 버리는 사회현상에 대한 분석과 안전하게 임신, 육아 기간을 보내는 생활법을 소개한다.

사람을 돕는 개
(한국어린이교육문화연구원 으뜸책, 학교도서관저널 추천도서)
안내견, 청각장애인 도우미견 등 장애인을 돕는 도우미견과 인명구조견, 흰개미탐지견, 검역견 등 사람과 함께 맡은 역할을 해내는 특수견을 만나본다.

개에게 인간은 친구일까?
인간에 의해 버려지고 착취당하고 고통받는 우리가 몰랐던 개 이야기. 다양한 방법으로 개를 구조하고 보살피는 사람들의 이야기가 그려진다.

유기동물에 관한 슬픈 보고서
(환경부 선정 우수환경도서, 어린이도서연구회에서 뽑은 어린이·청소년 책, 한국 간행물 윤리위원회 좋은 책, 어린이문화진흥회 좋은 어린이책)
동물보호소에서 안락사를 기다리는 유기견, 유기묘의 모습을 사진으로 담았다. 인간에게 버려져 죽임을 당하는 그들의 모습을 통해 인간이 애써 외면하는 불편한 진실을 고발한다.

유기견 입양 교과서

보호소에 입소한 유기견은 안락사와 입양이라는 생사의 갈림길 앞에 선다. 이들에게 입양이라는 선물을 주기 위해 활동가, 봉사자, 임보자가 어떻게 교육하고 어떤 노력을 해야 하는지 차근차근 알려 준다.

용산 개 방실이

(어린이도서연구회에서 뽑은 어린이 · 청소년 책, 평화박물관 평화책)

용산에도 반려견을 키우며 일상을 살아가던 이웃이 살고 있었다. 용산 참사로 갑자기 아빠가 떠난 뒤 24일간 음식을 거부하고 스스로 아빠를 따라간 반려견 방실이 이야기.

치료견 치로리 (어린이문화진흥회 좋은 어린이책)

비 오는 날 쓰레기장에 잡종개 치로리. 죽음 직전 구조된 치로리는 치료견이 되어 전신마비 환자를 일으키고, 은둔형 외톨이 소년을 치료하는 등 기적을 일으킨다.

인간과 개, 고양이의 관계심리학

함께 살면 개, 고양이와 반려인은 닮을까? 동물학대는 인간학대로 이어질까? 248가지 심리실험을 통해 알아보는 인간과 동물이 서로에게 미치는 영향에 관한 심리 해설서.

후쿠시마에 남겨진 동물들 (미래창조과학부 선정 우수과학도서, 환경부 선정 우수환경도서, 환경정의 청소년 환경책)

2011년 3월 11일, 대지진에 이은 원전 폭발로 사람들이 떠난 일본 후쿠시마. 다큐멘터리 사진작가가 담은 '죽음의 땅'에 남겨진 동물들의 슬픈 기록.

고양이 그림일기

(한국출판문화산업진흥원 이달의 읽을 만한 책)

장군이와 흰둥이, 두 고양이와 그림 그리는 한 인간의 일 년 치 그림일기. 종이 다른 개체가 서로의 삶의 방법을 존중하며 사는 잔잔하고 소소한 이야기.

고양이 임보일기

《고양이 그림일기》의 이새벽 작가가 새끼 고양이 다섯 마리를 구조해서 입양 보내기까지의 시끌벅적한 임보 이야기를 그림으로 그려냈다.

우주식당에서 만나 (한국어린이교육문화연구원 으뜸책)

2010년 볼로냐 어린이도서전에서 올해의 일러스트레이터로 선정되었던 신현아 작가가 반려동물과 함께 사는 이야기를 네 편의 작품으로 묶었다.

고양이는 언제나 고양이였다

고양이를 사랑하는 나라 터키의, 고양이를 사랑하는 두 작가가 쓰고 그린 고양이에게 보내는 러브레터.

고양이 천국 (어린이도서연구회에서 뽑은 어린이 · 청소년 책)

고양이와 이별한 이들을 위한 그림책. 실컷 놀고 먹고, 자고 싶은 곳에서 잘 수 있는 곳. 그러다가 함께 살던 가족이 그리울 때면 잠시 다녀가는 고양이 천국의 모습을 그려냈다.

나비가 없는 세상

(어린이도서연구회에서 뽑은 어린이 · 청소년 책)

고양이 만화가 김은희 작가가 그려내는 한국 최고의 고양이 만화. 신디, 페르캉, 추새. 개성 강한 세 마리 고양이와 만화가의 달콤쌉싸래한 동거 이야기.

후쿠시마의 고양이 (한국어린이교육문화연구원 으뜸책)

2011년 동일본 대지진 이후 5년. 사람이 사라진 후쿠시마에서 살처분 명령이 내려진 동물들을 죽이지 않고 돌보고 있는 사람과 함께 사는 두 고양이의 모습을 담은 평화롭지만 슬픈 사진집.

깃털, 떠난 고양이에게 쓰는 편지

프랑스 작가 클로드 앙스가리가 먼저 떠난 고양이에게 보내는 편지. 한 마리 고양이의 삶과 죽음, 상실과 부재의 고통, 동물의 영혼에 대해서 써 내려간다.

햄스터

햄스터를 사랑한 수의사가 쓴 햄스터 행복·건강 교과서. 습성, 건강관리, 건강식단 등 햄스터 돌보기 완벽 가이드.

토끼

토끼를 건강하고 행복하게 오래 키울 수 있도록 돕는 육아 지침서. 습성 · 식단 · 행동 · 감정 · 놀이 · 질병 등 모든 것을 담았다.

고통받은 동물들의 평생 안식처

동물보호구역

초판 1쇄 2018년 5월 10일
초판 3쇄 2022년 5월 20일

글쓴이 로브 레이들로
옮긴이 곽성혜

펴낸이 김보경
펴낸곳 책공장더불어

편 집 김보경
교 정 김수미

디자인 나디하 스튜디오(khj9490@naver.com)
인 쇄 정원문화인쇄

책공장더불어

주 소 서울시 종로구 혜화동 5-23
대표전화 (02)766-8406
팩 스 (02)766-8407
이메일 animalbook@naver.com
홈페이지 http://blog.naver.com/animalbook **페이스북** @animalbook4 **인스타그램** @animalbook.modoo
출판등록 2004년 8월 26일 제300-2004-143호

ISBN 978-89-97137-29-9 (03300)